U0098582

統計概念與方法題解

戴久永著

三民書局印行

國家圖書館出版品預行編目資料

統計概念與方法題解／戴久永著 . -- 三
版 . -- 臺北市：三民，民86
面； 公分
ISBN 957-14-1870-6 (平裝)

1 統計學

510   81001567

國際網路位址　http://sanmin.com.tw

ⓒ 統計概念與方法題解

著作人　戴久永
發行人　劉振強
著作財　三民書局股份有限公司
產權人　臺北市復興北路三八六號
發行所　三民書局股份有限公司
　　　　地　址／臺北市復興北路三八六號
　　　　電　話／五○○六六○○
　　　　郵　撥／○○○九九九八一—五號
印刷所　三民書局股份有限公司
門市部　復北店／臺北市復興北路三八六號
　　　　重南店／臺北市重慶南路一段六十一號
初　版　中華民國八十一年五月
三　版　中華民國八十六年四月
編　號　S 51026
基本定價　伍　元
行政院新聞局登記證局版臺業字第○二○○號

有著作權・不准侵害

ISBN 957-14-1870-6 (平裝)

統計概念與方法題解　目　次

第Ⅰ單元　統計資料

第一章　抽樣與資料蒐集

1-1　試就下述各情況，指出何者為所欲研究的羣體，並探討欲獲取資訊，採用普查或樣本調查較為有利？

　　(a)大學聯招會，欲瞭解參與聯招各大學對本次招生工作的意見。

　　(b)擁有 3,000 名員工的公司，欲瞭解員工留在本公司服務的意向。

　　(c)一家裝潢公司欲瞭解一般顧客關於壁紙顏色的喜好傾向。

1-1　(a)各大學為所欲研究的群體；就今年(80)參加大學聯招的學校僅有 46 所；所以可對各校與招生相關人士採普查的方式。

　　(b)公司的員工為被研究的群體；因公司員工多達三千人，所以宜採樣本調查。

　　(c)顧客為被研究的群體；顧客群體人數不確定，宜採樣本調查。

1-2　有一家食品公司，新近推出一項新產品——蔬菜果汁。公司將瓶裝部分擺在數家超級市場銷售，將罐裝的擺在若干雜貨店出售。擬依銷售資料以分析那一種包裝法較受歡迎。

　　(a)上述銷售資料屬調查資料或實驗資料？這兩種不同搜集資料方法的區別對分析工作有什麼意義？

　　(b)如果這種果汁在超級市場的銷售量大於雜貨店，是否充分表示瓶裝較罐裝受歡迎？

1-2　(a)為調查資料；因為研究的對象無法加以控制。

　　(b)並不充分表示瓶裝較罐裝受歡迎，因為超市和雜貨店的顧客群並不相同。

1-3　在下述各種情況，採用問卷自填、派員訪問或其他方式搜集資料較為方便有利？就搜集費用，被調查者的合作情形，問項被瞭解的程

度及其他因素評論之。

(a)調查僱主以瞭解各季僱工人數。

(b)搜集中國統計學社所有社員的目前工作概況，專業訓練及其專長
　　等資料。

(c)臺灣地區從事農業爲生者的家庭背景與教育程度。

(d)臺中市 40 歲以上居民的血壓資料。

1-3　Ⅰ就費用而言

　　　若充足：爲使精確，採面訪最精確。

　　　若不足：(a)採電訪，配合度較高。

　　　　　　　(b)採電訪或自塡，因爲對象爲統計專才，知道避免一些
　　　　　　　　　問題。

　　　　　　　(c)採面訪，因配合度較低，且問卷的內容較屬隱私性。

　　　　　　　(d)採電訪，但事前需假設每人皆知其血壓。

　　　Ⅱ就合作情形

　　　合　作：問卷自塡，較省錢，但費時，或採電訪。

　　　不合作：面訪。

　　　Ⅲ問項被了解

　　　了　解：問卷自塡。

　　　不了解：電訪或面訪。

1-4　指出下述各問項至少一個重大的缺點，設法改正之，並說明如此改
　　正的理由。

　　(a)過去 24 個月府上購買了多少箱肥皂粉？

　　(b)當有人提起「計算機」時，您是否聯想起××公司或其他公司的
　　　名字？

　　(c)在本社區府上的收入跟其他家庭的收入比較，屬較高、差不多、
　　　或較低呢？

　　(d)您比較喜歡喝全脂奶粉或脫脂奶粉？請說出您喜歡的三個理由。

1-4　(a)時間過長，可改爲 3 個月，因爲一般人的記憶力不太可能詳細記

得兩年內的事情。

(b)××公司或其它公司，××公司即給人一先入爲主的概念，本題題目不當。

(c)跟其它家庭的收入比較，沒有明確的告知其比較的水準，可改爲明確的數字比較，如以三萬元做標準。

(d)問題不明確，一般人並不知（分辨）脫脂牛奶或全脂牛奶，宜改爲牛奶廠牌。

1-5　茲有關於消費者購物計畫的兩種問項如下：(1)在下個年度內，您打算買下列那些物品呢？(2)在往後的十二個月內您打算買下列那些物品呢？請在您有意購買的物品名稱之下以 1 至 10 表明確定的程度（ 1 表不很確定，10 表極爲確定 ）。

(a)你認爲那一個問項可獲得較有用的資訊？詳細說明之。

(b)關於購買計劃，問「在下個年度內」或「在往後的十二個月內」那一句話較好？爲什麼？

1-5　(a)問項(2)可獲得較有用的資訊，因爲(2)的問法所費時間雖較長，但把程度細分爲 1～10，十分精細，可供答題者參考，而(1)的問題讓答題者一時想不起應如何回答。

(b)後者較爲明確，下個年度不太確定。

1-6　試說明下述各題是否含有計測錯誤。

(a)以電子儀器紀錄鎔鐵爐內的溫度，以 10 度爲單位。

(b)當被問到過去 12 個月內購買那些耐久性財貨時，她忘掉買了冰箱這回事。

(c)王家被選爲家庭日記帳的記帳戶，王先生囑咐讀國中一年級的女兒記帳。

1-6　(a)否，其精確度高。

(b)是，有誤失。

(c)是，年齡太小，不能完全知曉家中支出。

1-7　中國統計學社調查其會員關於中國統計學報的意見。收回來的問卷

顯示，年齡大的會員回答率遠大於年紀輕的會員。試舉數字例，以說明這種差異的回答率，會造成調查結果的偏差。

1-7 假設中國統計學社有會員 1000 人，其中年齡較大的 500 位，對統計學報持正面意見者為 100 人，反面者 400 人，問卷回答率 80％；而年齡較小的 50％，對統計學報持正面意見者為 300 人，反面者 200 人，問卷回答率 40％。所以整體而言，持正面意見者 400 人，反面者 600 人，比例為 2：3；而分別乘上回答率再加總，持正面意見者 200 人，反面者 400 人，比例為 1：2，所以這種差異的回答率，會造成調查結果的偏差。

1-8 郵寄調查 3,180 位醫師，有一項問題問到關於恢復疲勞的藥 ADV 的使用情形。在回卷中表示，上個月至少開過此藥一次者佔 41％。

(a)假設問卷回收率為 90％，則如果全體接受調查者都回答的話，41％會有如何變化？

(b)如果回收率只有 30％，再回答(a)的問題。

(c)試以(a)與(b)的結果，說明低回收率在解釋調查資料時具有什麼意義？

(d)對於此項通訊調查，被調查的醫師有不回答者，其可能原因是什麼呢？可能與回答此項特殊藥品有關嗎？

1-8 (a) $3180 \times 90\% = 2862$

$3180 \times 10\% = 318$

$2862 \times 41\% = 1173$

$\dfrac{1173}{3180} \times 100\% = 37\%$

$\dfrac{(1173 + 318)}{3180} \times 100\% = 47\%$

所以 41％可能會改變，其範圍為 37％～47％。

(b) $3180 \times 30\% = 954$

$3180 \times 70\% = 2226$

$$954 \times 41\% = 391$$

$$\frac{391}{3180} \times 100\% = 12\%$$

$$\frac{(391 + 2226)}{3180} \times 100\% = 82\%$$

所以 41 % 可能會改變，其範圍為 12 %～82 %。

(c)由(a)，(b)，可知，對所調查的結果，低回收率將使偏差範圍變大。

(d)有可能是忘記了，或郵件遺失，或者該藥品為管制藥，醫師不願作答。

1-9　有人說問卷答項的錯誤不是嚴重的問題，因為這些答項的錯誤常會相互抵銷而平衡。為研究這種答項錯誤的性質，茲調查 1,643 位在本校圖書館曾經借閱圖書的同學，詢問他們在最近三個月內，向圖書館借閱多少冊書籍，同時並與圖書館的借書紀錄做一比較，結果如下表所示。試分析此項結果，寫一篇簡短的報告。

問卷回答 情　　況	回答者 比　率	借書平均冊數	
		圖書館紀錄	問卷回答紀錄
正　　確	36	6.1	6.1
偏　　高	43	2.8	4.6
偏　　低	21	6.4	5.4

1-9　①偏高回答者的錯誤率為 $\dfrac{100\,(4.6 - 2.8)}{2.8} = 64\%$

偏低回答者的錯誤率為 $\dfrac{100\,(5.4 - 6.4)}{6.4} = -16\%$

所以二者並不抵銷，低估者錯誤率遠比高估者為低。

②實際平均借書數為 $6.1\,(0.36) + 2.8(0.43) + 6.4(0.21)$

＝ 4.564 本，而記錄的平均借書數爲

6.1（0.36）＋ 4.6（0.43）＋ 5.4（0.21）＝ 5.308 本

因此，整體相對偏誤爲 $\dfrac{100（5.308 － 4.564）}{4.564} ＝ 0.163$

即回答誤差無法相互抵銷，記錄的平均借書高估了 16.3％。

1-10 試設計一份自行填答法的調查問卷，主題由你自己決定。設計好後以班上數位同學試查看看。寫一篇報告，內容包括調查的主題，調查結果的分析，設計問卷過程中遭遇些什麼困難等。

1-10 略。

1-11 就下述各題，說明採用抽查或普查較適宜，並述理由。

(a)欲知道臺灣地區每月的失業情況。

(b)將三個渦輪裝置在水壩，以試驗裝置後毀損情形。

(c)將臺中市調查各住宅，以取得住居狀況資料。

(d)檢驗一批電池，以取得其平均壽命的分布。

1-11 (a)宜採抽查；臺灣地區那麼大；可區分相似的縣市分組，再從中抽取樣本調查，若採普查，則成本過高。

(b)普查；因爲才三個渦輪。

(c)抽查；臺中市住戶有十餘萬戶，普查成本太高。

(d)抽查；若採普查、電池就不能再用了。

1-12 從一含 6 個商店的羣體，以抽出不放回法取 3 個商店爲一組簡單隨機樣本。

(a)所有可能的不同樣本共有多少組？

(b)每一組樣本被選中的機率爲多少？

1-12 (a) $\binom{6}{3} ＝ 20$ 共20組，設 a、b、c、d、e、f 代表商店。

則有(a,b,c) (a,b,d) (a,b,e) (a,b,f) (b,c,d)

(b,c,e) (b,c,f) (c,d,e) (c,d,f) (d,e,f)

(a,c,d) (a,c,e) (a,c,f) (a,d,e) (a,d,f)

(b,d,e)　(b,d,f)　(b,e,f)　(c,e,f)　(a,e,f)

20 組。

(b) $\dfrac{1}{20} = 0.05$ 。

1-13　試就下述各個案，說明如何利用隨機號碼表以抽出不放回法選取一
　　　組隨機樣本。

　　　(a)從 9000 位員工中選 100 位。

　　　(b)從 1,835 輛車選出 50 輛。

　　　(c)從編號 0001 至 1946 及 2000 至 4245 號的發票取 75 張。

　　　(d)從下週一上午 9 點至下午 5 點選 10 個時點，以秒爲單位。

1-13　(a)將 9000 名員工編號，從 0000 至 8999，從亂數表（p.628），取亂
　　　　數：例如第六列第九縱行起四個數字一組，遇有 9000 ～ 9999 則
　　　　略過，依序取滿，可得 0545，5718，2406，3530，3426，
　　　　1486，7990，7439……取滿 100 個即可。

　　　(b)仿(a)即可。

　　　(c)仿(a)，選出之號碼若有不在序號範圍，則略去，取滿即可。

　　　(d) 9 點至下午 5 點，共 8 小時，480 分鐘，28800 秒；依序區分爲
　　　　第 00000，00001，00002，……，28799 秒編號，仿(a)，從亂
　　　　數表中取亂數，遇有 00000 ～ 28799 範圍外之數字即省略，依序
　　　　取滿 10 個即可。

1-14　7 家醫院同意參加一項聯合研究計畫，首先是隨機推出二家醫院負
　　　責檢驗工作。這些醫院的名稱是：張綜合、林內科、陳外科、中
　　　心、榮民、長庚、臺中。試使用隨機號碼表以確定那二家被選中負
　　　責檢驗工作（應說明選取的過程）。

1-14　將醫院編號，張綜合(1)、林內科(2)、陳外科(3)、中心(4)、榮民(5)、長
　　　庚(6)、臺中(7)；由亂數表中取亂數：例如從附錄 C 表 H.14 第 12 列
　　　12 行起，依序取 62，則爲長庚跟林內科，若有 0、8、9 出現則
　　　省略，依次取出即可。

1-15 自隨機號碼表任意取一個二位數，求取到 12 的機率。取到偶數呢？
取到二個數字相同的二位數的機率呢？

1-15 二位數有 10 ～ 99，共有 90 個，所以取到 12 機率 $\dfrac{1}{90}$，取到偶數

的機率 $\dfrac{1}{2}$。

兩數字相同即（11，22，……，99）的機率 $\dfrac{1}{9}$。

1-16 在隨機號碼表中，連續取前三個 2 的機率為若干？連續三個數字相
同的機率如何？

1-16 連續取三個 2，機率 $\dfrac{1}{10} \times \dfrac{1}{10} \times \dfrac{1}{10} = \dfrac{1}{1000}$。

連續三個數字相同機率 $\dfrac{1}{1000} \times 10 = \dfrac{1}{100}$。

1-17 都市計畫委員會有一份本市所有住址的清單。每一住址至少有一個
家庭住在那裏。選取一組住址隨機樣本，選中的住址在那裏的所有
家庭接受調查。則接受調查的這些家庭，是否為本市所有家庭的一
組簡單隨機樣本？試說明之。

1-17 不一定為簡單隨機樣本，因為同一住址，可能有兩個以上之家庭，
即其中一家庭被選中，其它家庭則當然被選中，違反隨機原則。

1-18 從編號 0001 至 2000 共 2000 張憑單羣體，選取一組含 100 張憑單
的隨機樣本，擬自隨機號碼表取四位數號碼決定樣本。令第一位數
0 至 4 者當做 0，5 至 9 者當做 1，其他三位數不更改。因此 1245
成為 0245，7491 成為 7391，而 0000 當做 2000。如此以選取一組
簡單隨機樣本是否合理？試解釋之。

1-18 因為每一樣本，被選中的機率同為 $\dfrac{1}{2000}$，所以為簡單隨機樣本。

第二章 資料分析：統計數據整理

2-1 某市的巴士公司將五月及六月的乘客抱怨分類歸納如下：

抱怨類型	抱怨 數 據	
	五 月	六 月
車內太熱	14	31
票價太高	23	25
車子過站不停	17	16
候車站無遮陽板	10	21
車子應裝空調	14	41
駕駛員態度粗魯	13	11
出車時刻表安排不當，造成轉車不易	14	14
無車行路徑圖示	25	21
總和	130	180

(a)試將抱怨情形歸納爲：設備方面、服務情形與費用等三類，按月別編製定性分布表。

(b)按(a)的情況分類，是否仍有抱怨情形未容納其中呢？如此的定性分布，有無必要加「其它」一類呢？

(c)仿照圖2-2繪製一張六月份與五月份抱怨件數比較圖。並就你的發現寫一篇簡短的報告。

2-1 (a)

抱怨情形	五 月 份		六 月 份	
	人 數	（百分比）	人 數	（百分比）
設備方面	63	（ 48.46 ）	114	（ 63.33 ）
服務情形	44	（ 33.85 ）	41	（ 22.78 ）
費 用	23	（ 17.69 ）	25	（ 13.89 ）
總計	130	（ 100 ）	180	（ 100 ）

(b)沒有。並無必要加「其它」一類。

(c)

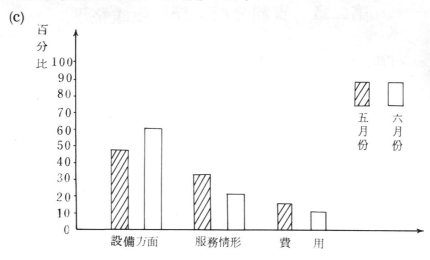

由圖中，可發現，在設備方面，六月份較五月份增加約15％，而所有增加的抱怨（ 180 － 130 ），也幾乎集中在設備方面，造成這個原因，應該是天氣炎熱的結果。

2-2　繼前題。

(a)將抱怨情形歸納爲：班車時刻表、服務員、設備、其它等四類，按月別編製定性分布表。

(b)繪製條形圖，就所發現寫一篇簡短的報告。

2-2　(a)

抱 怨 情 形	五 月 份 人 數（百分比）	六 月 份 人 數（百分比）
設　　　備	63（ 48.46 ）	114（ 63.33 ）
服　務　員	30（ 23.08 ）	27（ 15　　 ）
班車時刻表	14（ 10.77 ）	14（ 7.78 ）
其　　　它	23（ 17.69 ）	25（ 13.89 ）
總　計	130（ 100　 ）	180（ 100　 ）

(b)

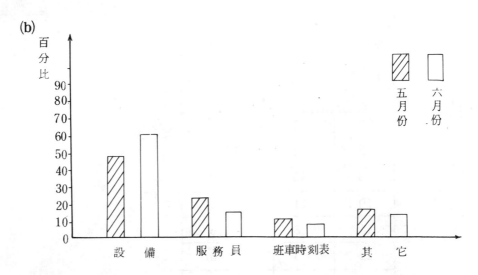

　　就圖中，所發現的情形，跟 2-1 (c)一樣。

2-3　來來賽馬場最近一年參與賽馬的馬匹年齡次數分布如下：

年　　齡	匹　　數	年　　齡	匹　　數
5	19	10	11
6	51	11	8
7	60	12	3
8	44	13	1
9	30	14	1

(a)年齡「 5 」這一組的組中點是什麼？

(b)試將本表改爲次數百分比分布，並分別編繪次數百分比多邊形圖
　與次數百分比直方圖。

(c)從圖上是否顯示不足 5 歲的馬不允許參與競賽？超過 14 歲的馬
　呢？試解釋之。

(d)原來的次數分布表，5 歲與 6 歲組的隻數交換的話，是否顯示有
　一不尋常的因素影響的年齡資料？說明之。

2-3　　(a) 5.5

(b)表㈠次數百分比分布

年　　齡	匹　　數	次數百分比
5	19	8.3
6	51	22.4
7	60	26.3
8	44	19.3
9	30	13.2
10	11	4.8
11	8	3.5
12	3	1.3
13	1	0.4
14	1	0.4
總　　計	228	100

圖㈠　次數百分比直方圖

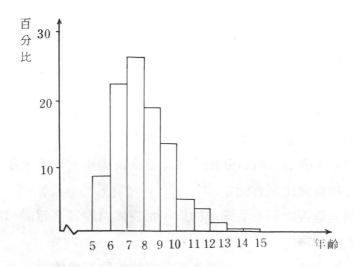

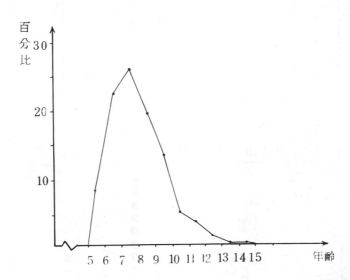

圖(二)　次數百分比多邊形圖

(c)從圖上所顯示，5 歲以下的馬是不允許參賽的，而超過 14 歲的馬並無限制，由圖(一)(二)中，從其偏態，即可發現上述結論。

(d)若 5 歲和 6 歲的次數交換，則分布圖將呈雙峯，圖形非正常分布，即顯示有一不尋常的因素影響其資料。

2-4　經測得 24 條銅絲直徑（公分）資料如下：

0.76	0.74	0.45	0.80	0.95	0.84	0.82	0.78
0.82	0.89	0.75	0.81	0.85	0.75	0.89	0.76
0.89	0.99	0.71	0.77	0.55	0.85	0.77	0.87

(a)繪製一個點圖。（同 2-3）

(b)銅絲直徑的長度在 0.80 公分以上的相對次數為若干？

2-4　(a) $k = 1 + 3.32 \log n = 1 + 3.32 \times \log 24 = 5.58$

全距 $= 0.99 - 0.45 = 0.54$

組距 $= 0.1$

下界 $= 0.45 - \dfrac{0.01}{2} = 0.445$

組號	組　　　界	組中值	次數
1	0.445～0.545	0.495	1
2	0.545～0.645	0.595	1
3	0.645～0.745	0.695	2
4	0.745～0.845	0.795	12
5	0.845～0.945	0.895	6
6	0.945～1.045	0.995	2

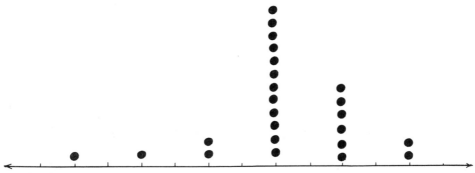

(b) $\dfrac{13}{24} = 0.542$

2-5　恒生醫學研究中心隨機選出了 43 位成年人，測得其血液中的膽固醇水準如下：

239	212	249	227	218	310	281	330	226	233
223	161	195	233	249	284	245	174	154	256
196	299	210	301	199	258	205	195	227	244
355	234	195	179	357	282	265	286	286	176
195	163	297							

(a)將這組資料分組，編製一個次數分布。

(b)圖示(a)的結果，並評論其分布型態。

(c)繪製一莖葉圖與直方圖相比較。

2-5　(a) $k = 1 + 3.32 \log n = 1 + 3.32 \times \log 43 = 6.4$

全距＝ 357 － 154 ＝ 203

組距＝ 34

下界 ＝ 154 － 1 × $\dfrac{1}{2}$ ＝ 153.5

組號	組　　　界	組中值	次數
1	153.5 ～ 187.5	170.5	6
2	187.5 ～ 221.5	204.5	10
3	221.5 ～ 255.5	238.5	12
4	255.5 ～ 289.5	272.5	8
5	289.5 ～ 323.5	306.5	4
6	323.5 ～ 357.5	340.5	3

(b)

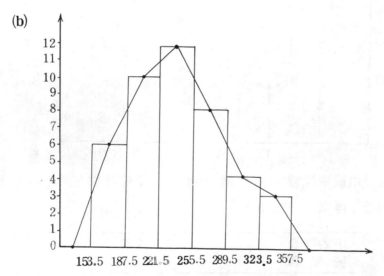

呈常態分布

2-6　鴻明公司接線生遞次計數了 50 分鐘內的電話通話次數，得每分鐘
收到的電話次數如下：

```
0  1  0  0  1  1  0  2  2  0  1  1  0
2  1  4  0  3  0  1  0  2  0  0  1  1
1  0  0  1  2  1  0  0  1  3  1  0  1
0  1  4  0  1  1  2  1  1  2  0
```

(a)設立一個每分鐘通話次數的次數分布；

(b)應用(a)的結果，繪製一個相對次數直線圖。

2-6

電話次數	次　數	相對次數
0	19	0.38
1	20	0.4
2	7	0.14
3	2	0.04
4	2	0.04

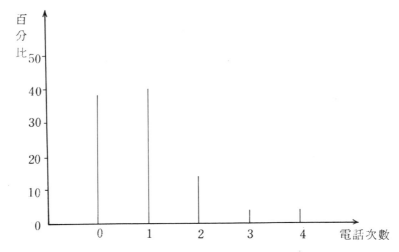

2-7　檢驗員由成衣隨機抽取了 59 件毛線衣，經計數每件毛衣上所含疵
點個數，得次數分布如下：

毛衣所含 疵　點　數	次數 f
1	2
2	4
3	21
4	18
5	10
6	3
7	1
總　　計	59

(a)繪製一個相對次數分布圖 。

(b)找出至少含有 4 個疵點的毛衣所佔的相對次數 。

2-7　(a)

毛衣所含疵點數	次數 f	相對次數
1	2	0.03
2	4	0.07
3	21	0.36
4	18	0.31
5	10	0.17
6	3	0.05
7	1	0.02

(b) $0.31 + 0.17 + 0.05 + 0.02 = 0.55$

2-8　茲有 50 個 (單位為百元) 資料如下：

209	189	186	195	176	191	227	175	175	207
201	182	225	198	202	221	179	246	209	235
192	183	210	189	227	203	201	187	231	186
204	210	198	221	200	197	210	172	231	237
169	182	208	205	199	205	178	218	253	209

(a)擬以 10 元為組距，試寫出各組組限，建構一個次數分布表。

(b)應用(a)的結果，繪製相對次數圖 。

2-8　(a)

組　　　界	次　　數	相對次數
160 ～ 169	1	0.02
170 ～ 179	6	0.12
180 ～ 189	8	0.16
190 ～ 199	7	0.14
200 ～ 209	13	0.26

210 ～ 219	4	0.08
220 ～ 229	5	0.10
230 ～ 239	4	0.08
240 ～ 249	1	0.02
250 ～ 259	1	0.02

(b)

2-9 下表爲承明公司員工去年因病請假超過 6 天者的年齡分布。

年齡（歲）	16-19	20-24	25-29	30-39	40-49	50-64	65-79	計
人數百分比	5	20	27	36	9	2	1	100

(a)你是否同意所有的員工中年齡 30 ～ 39 歲者健康狀況最差？試解釋說明之。

(b)試繪製次數多邊形圖。

2-9 (a)不同意；因爲年齡 30 ～ 39 歲，人數可能最多，相對上，請假自

然最多。

(b)

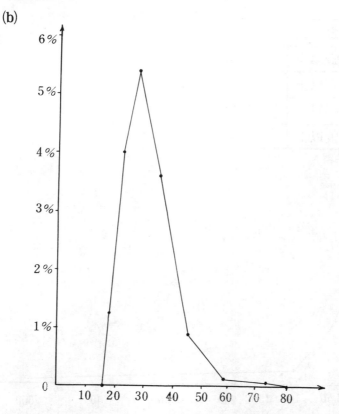

2-10 下表為建鴻公司按握有股票張數分組的股東人數百分比分布：

握有股票張數	1-25	26-50	51-100	101-500	超過 500	計
股東人數百分比	46.61	23.13	22.25	6.94	1.07	100.00

(a)試編製以上累計次數分布，組限為：0 張以上，25 張以上，50 張以上，依此類推。

(b)就(a)繪製以上累計次數分布圖。觀察此圖回答(1)握有 200 張以上股票的股東人數百分比，(2)有 50 % 的股東其握有股票的張數為多少張及以下。

2-10 (a)

	累計百分比
0　張以上	100
25　張以上	53.39
50　張以上	30.26
100 張以上	8.01
500 張以上	1.07

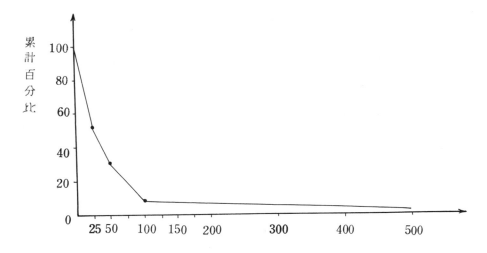

(b)

(1) $\dfrac{x-1.07}{2-5}=\dfrac{8.01-1.07}{1-5}$

$x = 6.275$

即約有6.275％的股東握有200張以上的股票。

(2) $\dfrac{x-25}{50-25}=\dfrac{50-53.39}{30.26-53.39}$

$x = 29.1$

即有50％的股東握有的股票在29張以下。（含）

2-11　繼習題2-3。

(a)試編製以下累計次數分布，組限爲：5歲以下，6歲以下，依此

類推。

(b)繪製以下累計次數分布圖。在你的圖上 9.5 歲以下與 9 歲以下的匹數相同嗎？ 10 歲以下與 10.5 歲以下的匹數相同嗎？說明相同或不相同的理由。

2-11 (a)

	累計次數
5　歲以下	19
6　歲以下	70
7　歲以下	130
8　歲以下	174
9　歲以下	204
10　歲以下	215
11　歲以下	223
12　歲以下	226
13　歲以下	227
14　歲以下	228

(b)

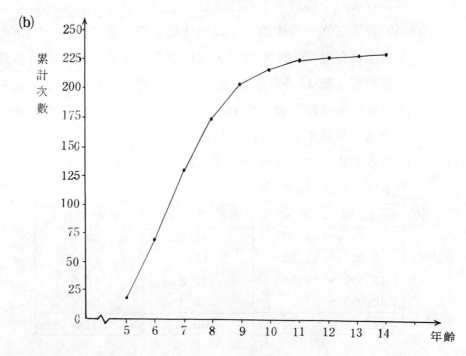

如圖：可看出 9.5 歲以下和 9 歲以下的馬匹數並不相同，因爲採
連續數據，所以有以上的結果，10 歲以下與 10.5 歲亦然。

2-12　某市的所有零售商店，按一年內僱用按時付薪的員工的總時數分
組，得統計表如下：

年 度 僱 用 總 時 數	零售店家數	年度銷售額（百萬元）
0 ～ 4,999	1,143	58.8
5,000 ～ 14,999	199	34.1
15,000 ～ 39,999	144	52.7
40,000 ～	84	148.8
合　　　　　計	1,570	294.4

(a)你認爲上表採用不等組距的理由是什麼？

(b)試按原來的分組情況，計算零售店家數百分比與年度銷售額百分
比。

(c)將(b)編製以下累計次數百分比分布。

(d)將(c)繪製在同一坐標圖上，以便比較。觀察該圖回答：(1)你的圖
在縱坐標有達到 100 ％的嗎？爲什麼？(2)年度僱用按時付薪員工
之總時數，在 30,000 小時及以下的零售店家數百分比爲若干？
(3)年度僱用總時數最大的 10 ％之零售店，其年度銷售額佔全體
零售店年度銷售額百分比如何？

2-12　(a)因爲數據散布的範圍相當廣泛，若採等組距，將增加資訊的損
失，所以不採用等組距。

(b)

年 度 僱 用 總 時 數	零售店百分比	銷售額百分比
0 ～ 4,999	72.8	20.0
5,000 ～ 14,999	12.7	11.6
15,000 ～ 39,999	9.2	17.9
40,000 ～	5.4	50.5
合　　　　　計	100.1	100

(c)

年度僱用總時數	零售店累計百分比	銷售額累計百分比
5000 以下	72.8	20.0
15000 以下	85.5	31.6
40000 以下	94.7	49.5
	100	100

(d)

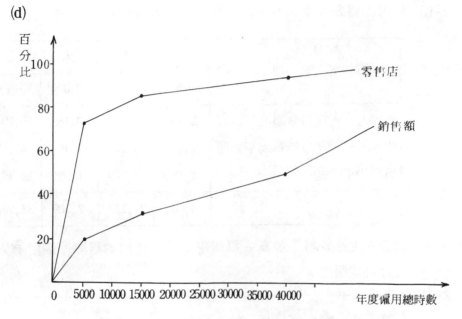

(1)並沒有達到 100 %；因為它有一個無界限的開放組界。

(2) $\dfrac{x - 85.5}{94.7 - 85.5} = \dfrac{30000 - 15000}{40000 - 15000}$

$\qquad x = 91.02$

即僱用時數在 30000 小時及以下的零售店家數約為 91.02 %。

(3)設 90 % 的零售店僱用時數在 x 小時以下

$\qquad \dfrac{x - 15000}{40000 - 15000} = \dfrac{90 - 85.5}{94.7 - 85.5}$

$\qquad x = 27228$ 小時

總僱用時數在 27228 小時以下，銷售額 y 百分比

$$\frac{y-31.6}{49.5-31.6} = \frac{27228-15000}{40000-15000}$$

$$y = 40.36$$

$$\therefore \quad 100 - 40.36 = 59.64$$

即僱用時數最大的 10 ％之零售店，其年度銷售額佔全體零售店 59.64 ％。

2-13 警務處將去年度與六年前控訴案法院審理情形統計如下表：

控 訴 案 審 理 情 形	六 年 前		去 年 度	
	刑事案	民事案	刑事案	民事案
成年人——宣告有罪	2,499	10,402	3,152	15,704
成年人——宣告無罪或不受理	1,427	3,754	2,461	5,543
轉發少年法庭	1,159	14,970	1,925	13,461
合　　　　　　計	5,085	29,126	7,538	34,708

試分析上述資料，並寫一篇報告。爲支持你的觀點，請附有力的圖表合併說明之。

2-13

控 訴 案 審 理 情 形	成 長 率	
	刑 事 案	民 事 案
成年人——宣告有罪	26.1 ％	51.0 ％
成年人——宣告無罪或不受理	72.5 ％	47.7 ％
轉發少年法庭	66.1 ％	－ 10.1 ％
合　　　　　　計	48.2 ％	19.2 ％

就刑事案而言，無罪或不受理及轉發少年法庭者大幅增加可見犯罪年齡的降低，而整體的成長率亦高達 48.2 ％較諸民事案的 19.2 ％，高出許多。

就民事案而言，成年人——宣告有罪，宣告無罪或不受理都有相當程

度的增加，而轉發少年法庭則減少10.1％與刑事案的66.1％大相逕庭。

2-14 下列8個數值為某種混紡纖維樣本的伸展力（1b/in²），試繪製一個點圖。

12　　15　　18　　16　　15　　14　　16　　17

2-14

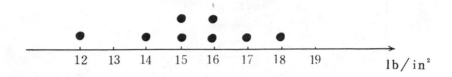

2-15 金利金屬合金公司的總經理關心客戶對於該公司所產製合金絲的熔點不均勻的申訴。由產品中抽取 n ＝ 50 個樣品並測試其熔點，結果如下：

320　326　325　318　322　320　329　317　316

331　320　320　317　329　316　308　321　319

322　335　318　313　327　314　329　323　327

323　324　314　308　305　328　330　322　310

324　314　312　318　313　320　324　311　317

325　328　319　310　324

(a)構建其次數分布並展示其直方圖。

(b)試繪製莖葉圖。

2-15 (a)全距＝335 － 305 ＝ 30

k ＝ 1 ＋ 3.32 log n ＝ 1 ＋ 3.32 log 50 ＝ 6.6

組　　　　　距	組中值	次數
304.5 ～ 309.5	307	3
309.5 ～ 314.5	312	9
314.5 ～ 319.5	317	10

319.5 ～ 324.5	322	15
324.5 ～ 329.5	327	10
329.5 ～ 334.5	332	3

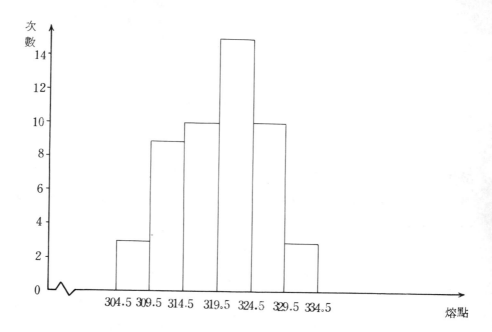

(b)

單位 10

30	5 8 8
31	0 0 1 2 3 3 4 4 4 6 6 7 7 7 8 8 8 9 9
32	0 0 0 0 0 1 2 2 2 3 3 4 4 4 4 5 5 6 7 7 8 8 9 9 9
33	0 1 5

2-16 在 1976 年秋季對洛杉磯地區週日的聖地牙哥高速公路設置空氣品質監控站，下列 64 個觀測值爲下午 3 ～ 7 時的空氣含鉛量（ μg/m³ ）。

6.7　5.4　5.2　6.0　8.7　6.0　6.4　8.3　5.3　5.9

7.6　5.0　6.9　6.8　4.9　6.3　5.0　6.0　7.2　8.0

$$8.1 \quad 7.2 \quad 10.9 \quad 9.2 \quad 8.6 \quad 6.2 \quad 6.1 \quad 6.5 \quad 7.8 \quad 6.2$$

$$8.5 \quad 6.4 \quad 8.1 \quad 2.1 \quad 6.1 \quad 6.5 \quad 7.9 \quad 15.1 \quad 9.5 \quad 10.6$$

$$8.4 \quad 8.3 \quad 5.9 \quad 6.0 \quad 6.4 \quad 3.9 \quad 9.9 \quad 7.6 \quad 6.8 \quad 8.6$$

$$8.5 \quad 11.2 \quad 7.0 \quad 7.1 \quad 6.0 \quad 9.0 \quad 10.1 \quad 8.0 \quad 6.8 \quad 7.3$$

$$9.7 \quad 9.3 \quad 3.2 \quad 6.4$$

(a)構建其次數分布並以直方圖形式表示結果，試問該分布是否爲左右對稱。

(b)試繪製莖葉圖。

2-16 (a)

組　　　　距	組中值	次　數
2.05 ～ 4.05	3.05	3
4.05 ～ 6.05	5.05	13
6.05 ～ 8.05	7.05	27
8.05 ～ 10.05	9.05	16
10.05 ～ 12.05	11.05	4
12.05 ～ 14.05	13.05	0
14.05 ～ 16.05	15.05	1

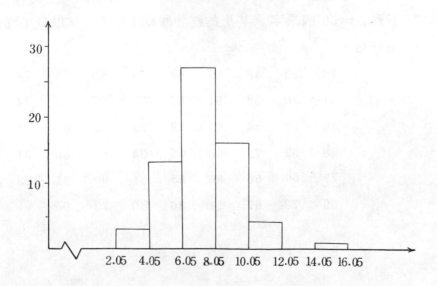

圖形大致呈左右對稱。

(b)

單位 1

2	1
3	2 9
4	9
5	0 0 2 3 4 9 9
6	0 0 0 0 0 1 1 2 2 3 4 4 4 5 5 7 8 8 8 9
7	0 1 2 2 3 6 6 8 9
8	0 0 1 1 3 3 4 5 5 6 6 7
9	0 2 3 5 7 9
10	1 6 9
11	2
12	
13	
14	
15	1

2-17 下列 n = 58 個數字為某班的統計學期末成績，試以莖葉圖表示成績分布：

76	93	42	66	60	56	60	75	78	81
61	70	58	64	67	73	49	52	74	91
76	82	86	59	69	73	74	64	94	65
48	59	72	68	66	64	88	80	51	82
77	60	66	86	85	51	90	91	53	63
69	73	67	61	86	80	72	65		

2-17

單位 10

4	2 8 9
5	1 1 2 3 6 8 9 9
6	0 0 0 1 1 3 4 4 4 5 5 6 6 6 7 7 8 9 9
7	0 2 2 3 3 3 4 4 5 6 6 7 8
8	0 0 1 2 2 5 6 6 6 8
9	0 1 1 3 4

2-18 某次統計學小考中，n＝44 位學生的成績如下（滿分爲 40 分）試以莖葉圖表示成績分布：

17	22	36	28	30	33	19	21	20	29
34	26	27	23	20	12	18	24	14	37
25	30	24	27	18	15	35	33	29	24
26	20	15	24	16	22	31	23	32	25
29	26	32	19						

2-18

單位 10

1	2 4 5 5 6 7 8 8 9 9
2	0 0 0 1 2 2 3 3 4 4 4 5 5 6 6 6 7 7 8 9 9 9
3	0 0 1 2 2 3 3 4 5 6 7

2-19 下列數據爲正興公司 30 批產品的重量：

72.4	75.3	72.7	74.2	75.6
75.0	73.3	73.1	74.4	77.5
75.8	74.0	73.2	74.8	76.2
72.7	68.2	79.1	73.8	75.5
74.7	75.7	72.9	72.1	77.7
76.6	73.2	75.1	75.5	71.7

(a)構建一直方圖。

(b)繪製一莖葉圖。

2-19 (a)全距＝79.1 － 68.2 ＝ 10.9

k＝1 ＋ 3.32 log 30 ＝ 5.9

組　　　　　距	次　　數
68.15 ～ 70.15	1
70.15 ～ 72.15	2
72.15 ～ 74.15	10
74.15 ～ 76.15	12
76.15 ～ 78.15	4
78.15 ～ 80.15	1

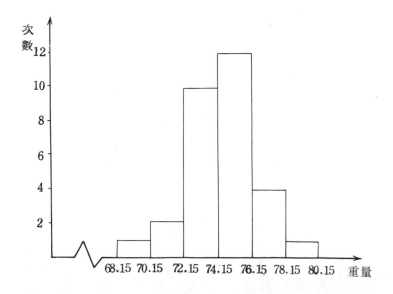

(b) 單位 1

68	2
69	
70	
71	7
72	1 4 7 7 9
73	1 2 2 3 8
74	0 2 4 7 8
75	0 1 3 5 5 6 7 8
76	2 6
77	5 7
78	
79	1

2-20 構建下列數據的莖葉圖。

(a)
13.5	13.8	15.2
16.4	15.5	15.8
15.6	14.3	14.4
15.8	14.6	12.9

(b)
3.4	2.1	2.4	2.8
3.2	3.7	2.5	2.2
2.8	2.6	3.2	3.3
3.3	2.9	2.4	2.5
2.4	3.2	2.3	2.8
2.8	3.1	3.1	3.0

2-20 (a)

單位 1

12	9
13	5 8
14	3 4 6
15	2 5 6 8 8
16	4

(b)

2	8 4 8 1 6 9 4 5 4 3 8 2 5 8
3	4 2 3 7 2 1 2 1 3 0

2-21 試繪製臭氧濃度例的莖葉圖。

單位 10

1	4 7 1 6 4 4
2	4 5 8 5 0
3	5 0 4 1 1 8 7 0 7 3 5 9 4 7
4	4 7 4 7 7 5 2 4 7 1 0 1
5	5 7 8 4 6 3 1 8 7 6 8 4 5 8 9 3 6
6	8 8 2 8 6 6 2 0 0 5 0 7 1 2 6 6
7	5 6 4 6
8	1
9	4 4
10	
11	7

第三章　資料分析：數據特徵值的計算

3-1　對於下述各種情況下，你認為用那一種位置量數比較適當？扼要地
　　　說明你的理由：

　　　(a)決定一班有那些學生的學期平均成績在前 50 ％；

　　　(b)決定六大都市合起來的平均死亡率；

　　　(c)在一項利潤分享計畫中，公司想找出每位員工的平均受益額，以
　　　　　保證利潤能夠公平地分布；

　　　(d)在一個次數分布中，第一組沒有組下限（開端點組距），而且你
　　　　　並不想估計該組的組中點；

　　　(e)決定一座橋（不是可開合的吊橋）應該有多高，我們已知預期通
　　　　　過該橋下的船隻高度的分布，而且又知道該分布為左偏；

　　　(f)元立公司僱用了 100 名員工，其中有幾位是高薪的技術專家，今
　　　　　欲找出該公司的典型工資，以為日後發生勞資糾紛時作為仲裁之
　　　　　用。

3-1　(a)中位數：因為所求的分布在前 50 ％，正以中位數為界限。

　　　(b)平均數：因為所求為平均死亡率。

　　　(c)截尾平均數：因為保證利潤公平分布，所以去除極端值較公平。

　　　(d)衆數：因為第一組無下限，不宜用平均數。

　　　(e)高度極大值：既然預期船隻的高度，橋的高度自然要建的讓船
　　　　　能通過。

　　　(f)截尾平均數：因為它才能表示大部分員工的平均工資。

3-2　(a)自強社區自治會報告，該社區平均每個家庭擁有 1.10 輛轎車，
　　　　　這裏所謂「平均」，其計算方法如何？有沒有其他的特徵值數，
　　　　　用來表示本社區每個家庭擁有轎車的情形，使之更有意義？試討
　　　　　論之。

　　　(b)某一個國家每個家庭的兒童人數，其衆數為 0 ，可不可以據此認

爲該國絕大多數的家庭沒有兒童？又若是平均數爲 0 ，是否可據此認爲該國絕大多數的家庭沒有兒童？

3-2 (a)本社區的所有轎車數除以總家庭數即爲平均值。衆數應該能比平均數更有意義。

(b)衆數是指次數最多的數，但未必是絕大多數，所以不是絕大多數的家庭沒有兒童。平均數爲 0 則所有家庭均無兒童。

3-3 隨機抽取明潭地區 20 家旅館，紀錄得每家房間數如下：

| 80 | 99 | 100 | 107 | 120 | 125 | 139 | 142 | 154 | 160 |
| 202 | 214 | 247 | 254 | 255 | 264 | 308 | 320 | 332 | 400 |

(a)計算其平均數與中位數。

(b)若欲與其他風景區的旅館規模做一比較，你認爲取平均數或中位數何者較適宜？爲什麼？

3-3 (a)平均數：201.1

中位數：181

(b)平均數，因爲考慮到每一樣本。若樣本呈兩極化分布，則中位數無意義。

3-4 連續 50 天，上午 6 點至 8 點，中興醫院急診患者人數如下：

3 0 4 0 1 4 1 0 3 5 2 2 4 3 2 6 3 1 2 3 2 2 1 1 3
5 2 3 2 4 4 3 2 2 2 1 2 4 1 0 3 2 1 2 5 2 2 5 0 3

(a)試計算這 50 天每天人數的平均數與中位數。

(b)假設第 51 天的紀錄是 10 位，試計算共 51 天每天人數的平均數與中位數。這兩個特徵值與(a)所求得者有何變化？那一個改變得較少，換句話說，那一個較不受極端值影響？

3-4 (a)平均數：2.4

中位數：2

(b)平均數：2.5

中位數：2

平均數略增而中位數不變，可見中位數較不受極端值影響。

3-5　取前章習題2-7前面15個數

　　(a)試求這15個數的平均數與中位數。若求出全部50個數的平均數
　　　與中位數，你是否預期其解與前15個數者相同？說明其理由。

　　(b)假設第一個數原是239，誤記爲209，該數如何影響該15個數
　　　之平均數與中位數呢？當資料中含有一個或少數幾個紀錄錯誤的
　　　觀測值時，用以表現數據資料的特徵，以中位數比平均數較爲適
　　　當，試根據本例說明其中的道理。

3-5　(a)前15個數　平均數　195.87

　　　　　　　　　中位數　195

　　　50　個　數　平均數　202.86

　　　　　　　　　中位數　201.5

　　若數據爲常態分布，所求出的平均數應近似。

　　(b)將使平均數由197.87減爲195.87；而中位數不變；本例中，當
　　　239誤記爲209，對平均數而言，有顯著影響，而中位數則不
　　　變。

3-6　立德公司A組員工去年末每小時薪資如下表：

每　小　時　薪　水	人　數　百　分　比
6.10 — 6.29	7.7
6.30 — 6.49	15.8
6.50 — 6.69	43.2
6.70 — 6.89	29.8
6.90 — 7.09	3.5
	100.0
	員工總人數 (2,075)

　　(a)試計算A組每位員工每小時薪水的平均數與中位數。你是在如何
　　　的假設下進行此項計算，檢討你的假設是否合理。

(b)(1)每位員工每小時薪水與何數的差的和等於零？

　　(2)與何數之差絕對值的和最小？

3-6　(a)假設為常態分布，則以各組中值來計算平均數，而中位數可按比例的方式求出，當然假設的前提為常態分布，則前述當為合理。

平均數：$6.2 \times 7.7\% + 6.4 \times 15.8\% + 6.6 \times 43.2\% + 6.8 \times 29.8\% + 7.0 \times 3.5\% = 6.61$

中位數：$\dfrac{x - 6.5}{6.7 - 6.5} = \dfrac{26.5}{43.2}$　　　　$x = 6.62$

(b)(1)平均數　（ 6.61 ）

　　(2)中位數　（ 6.62 ）

3-7　合作金庫證券部，欲分析其客戶購買股票每筆交易金額的大小，統計上一個會計年度的情形如下表：

每　筆　交　易　金　額 單位：千元	筆　　　　　　　　　數
0 － 9	958
10 － 24	943
25 － 49	1,117
50 － 99	687
100 － 249	354
250 － 499	471
500 － 999	530
計	5,060

(a)試計算每筆金額的平均數與中位數。你是在如何的假定下進行此項計算，檢討你的假定是否合理。

(b)平均數或中位數那一個可據以求算全年度的成交總金額？其值為何？

(c)少於 5 萬元者的筆數百分比爲若干？

3-7 (a)同 3-6 ，

平均數：（ 5 × 958 ＋ 17.5 × 943 ＋ 37.5 × 1117 ＋ 75 × 687

$\qquad$ ＋ 175 × 354 ＋ 375 × 471 ＋ 750 × 530 ）÷ 5060

$\qquad$ ＝ 148.38 （千元）

中位數： $\dfrac{x-25}{50-25} = \dfrac{2530-1901}{3018-1901}$ $\qquad$ x ＝ 39.08 （千元）

(b)平均數： 148.38 × 5060 ＝ 750803

(c)（ 958 ＋ 943 ＋ 1117 ）÷ 5060 × 100 ％ ＝ 59.64 ％

3-8 參考習題 3-6 ，立德公司 B 組員工每小時薪資如下表：

每 小 時 薪 水	人 數 百 分 比
5.50 — 5.69	9.7
5.70 — 5.89	14.2
5.90 — 6.09	23.7
6.10 — 6.29	50.4
6.30 — 6.49	2.0
計	100.0
	員工總人數（830）

(a)試計算 B 組每位員工每小時薪水的平均數與中位數。

(b)A 組每位員工每小時薪水的平均數與中位數分別是 6.61 美元與 6.62 美元，欲比較 A 組與 B 組員工每小時薪水，取兩組平均數比較之或兩組中位數比較之，那一種較爲妥當，試檢討說明之。

3-8 (a)平均數： 5.6 × 9.7 ％ ＋ 5.8 × 14.2 ％ ＋ 6.0 × 23.7 ％ ＋ 6.2

$\qquad$ × 50.4 ％ ＋ 6.4 × 2.0 ％ ＝ 6.04

中位數： $\dfrac{x-6.1}{6.3-6.1} = \dfrac{50-47.6}{50.4}$ $\qquad$ x ＝ 6.11

(b)A組每小時的薪資較高，因為兩組的分布皆為常態分布，所以以
中位數或平均數都可以。效果上，以平均數有較佳的效果（見
p.260例7.4）。

3-9　參考習題3-6與3-8，

(a)試分別求A組與B組員工每小時薪水的眾數，此數用以比較A、
B二組每小時薪水情況是否妥當？檢討之。

(b)試將A，B二組資料合併為一組，編製其每小時薪水人數百分比
分布。是什麼原因使得此合併資料成為雙峯分布。

3-9　(a)A組眾數　6.6

B組眾數　6.2

因為A組平均數6.61，而B組平均數6.04，顯然B組有較大的
差異（眾數與平均數），但是用眾數比較的效果，跟用平均數比
較的結果，在此例，效果是近似一樣的，但在意義上，是不同
的。

(b)

每小時薪水	人　數	人數百分比
5.50～5.69	80	2.8
5.70～5.89	118	4.1
5.90～6.09	197	6.8
6.10～6.29	578	19.9
6.30～6.49	345	11.9
6.50～6.69	896	30.8
6.70～6.89	618	21.3
6.90～7.09	73	2.5
合　計	2905	100.1

因為兩組的眾數不同，自然造成雙峯分布。

3-10　繼習題3-6與3-8，A組與B組每小時薪水平均數分別為6.61美
元與6.04美元，試以此二數求算兩組合併後每小時薪水的平均數。

3-10 $\dfrac{(\ 6.61 \times 2075 + 6.04 \times 830\ )}{2905} = 6.45$（美元）

3-11 繼習題 3-4 ,

　　(a)試依 0 , 1 , 2 等分組編製急診患者人數分布 , 並繪製階梯函數
　　　累計次數分布圖 。

　　(b)試從累計次數分布圖 , 求(1)中位數 ,(2)第 95 百分位數 ,(3)第 1
　　　四分位數 ,(4)第 7 十分位數 , 說明這裏這些分位數的意義 。

3-11 (a)

急診人數	次　數	累計次數
0	5	5
1	8	13
2	16	29
3	10	39
4	6	45
5	4	49
6	1	50

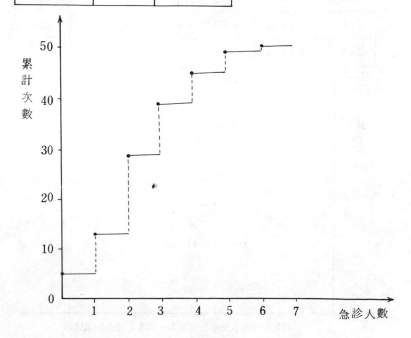

－39－

(b)(1)中位數 2；爲樣本中間的數。

(2) 95 百分位數 4；樣本分割爲 100 等分（樣本已從小到大事先排好），得 99 個分割點，第 95 個分割點所代表的數。

(3)第 1 四分位數 2；將樣本分割爲 4 等分，3 個分割點，第一個分割點代表的數。

(4)第 7 十分位數 3；將樣本分割爲 10 等分；9 個分割點，第 7 個分割點代表的數。

3-12 取前章習題 2-7 前面 15 個數

(a)繪製階梯函數累計次數分布圖，並求第 25 與第 75 百分位數，說明此處第 25 百分位數的意義。

(b) 200 元一數爲這資料的第幾百分位數。

3-12 (a)

組　　　　距	次　　數	累　計　次　數
174.5 ～ 184.5	4	4
184.5 ～ 194.5	3	7
194.5 ～ 204.5	4	11
204.5 ～ 214.5	2	13
214.5 ～ 224.5	0	13
224.5 ～ 234.5	2	15

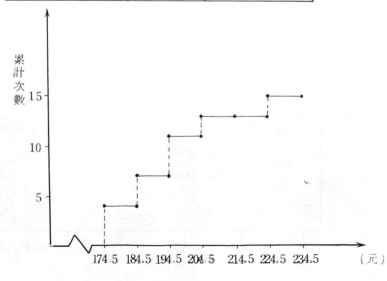

第 25 百分位數　　182 ；25 ％× 15 ＝ 3.75 ，意指有 3.75 個數

　　　　　　　　　　　　　　比第 25 百分位數 182 小。

　　第 75 百分位數　　207

(b) 200 元介於 198 與 201 之間，即第 9 跟第 10 數之間，所以應爲

$$\frac{9}{15} \times 100 = 60 \quad \text{與} \quad \frac{10}{15} \times 100 = 67 \quad \text{百分位之間。}$$

3-13　繼習題 3-6

　　(a)試求每小時薪資的第一與第三四分位數，試說明這裏第 3 四分位
　　　數的意義。

　　(b)A 組員工有 95 ％者其每小時薪水低於何數？你是在如何假定下
　　　進行該項計算。

3-13　(a)第一四分位數

$$\frac{x - 6.50}{6.70 - 6.50} = \frac{25 - 23.5}{66.7 - 23.5}$$

　　x ＝ 6.51

　　第三四分位數

$$\frac{x - 6.70}{6.90 - 6.70} = \frac{75 - 66.7}{96.5 - 66.7}$$

　　x ＝ 6.76 ；爲將樣本人數區分爲第四等分，三個分割點，第
　　　3 個分割點所代表的薪水。

　　(b)假定薪水爲連續常態分布的數據

$$\frac{x - 6.70}{6.90 - 6.70} = \frac{95 - 66.7}{96.5 - 66.7}$$

　　x ＝ 6.89

　　即有 95 ％的薪水低於 6.89 美元。

3-14　參考習題 3-3

　　(a)計算其全距與標準差，此處全距大於標準差，是否全距恒大於標
　　　準差？爲什麼？

(b)計算其變異係數。已知這 20 家旅館每年的營業額的變異係數爲 40 ％。這兩個變異係數做一比較，有什麼意義呢？

3-14 (a)全距 ＝ 400 － 80 ＝ 320

標準差＝92.3

根據經驗法則，全距約等於四倍標準差，所以全距恆大於標準差。

(b) $CV = \dfrac{92.3}{201.1} \times 100\% = 45.9\%$

由此可知，房間數的變異的程度較營業額的變異大。

3-15 參考習題 3-4

⒜計算其全距與標準差。如果我們搜集到 100 天這種資料，你認爲這 100 天資料的全距會大於 50 天的嗎？標準差呢？說明之。

(b)試計算其變異係數。這時所用單位是什麼？

(c)若欲與另一家醫院比較各天急診患者容納人數的差異情形，取標準差或變異係數，那一個較有意義？解釋之。

3-15 (a)全距 ＝ 6 － 0 ＝ 6

標準差＝1.47

若搜集 100 天；全距不一定會大於 50 天，所搜集的資料，而標準差因樣本愈多，分布愈常態，所以應變小。

(b) $CV = \dfrac{1.47}{2.4} \times 100\% = 61.25\%$ 爲無單位。

3-16 取前章習題 2-8 前面 15 個數

⒜試計算其全距與標準差，這裏單位是什麼？

(b)計算其變異係數，說明其意義。

3-16 (a)全距 ＝ 227 － 175 ＝ 52 單位元

標準差＝16.5 單位元

(b) $CV = \dfrac{16.5}{195.87} \times 100\% = 8.42\%$

指數據分布的均勻度，愈小愈均勻。

3-17　參考習題 3-6

(a)你能不能由次數分布求出 A 組員工每小時薪水的確實全距？

(b)試求每小時薪水的四分位距。如果每小時薪水介於 6.10 美元至 6.29 美元者，均加發 0.20 美元，則四分位距有何改變？

(c)求標準差與變異係數，並說明你進行此項計算時的假定。

3-17 (a)全距，大致上可以 $7.10 - 6.10 = 1.00$ 作為全距。

(b)第一四分位數 $= 6.51$

第三四分位數 $= 6.76$

若介於 $6.10 \sim 6.29$ 美元者，加發 0.20 美元，四分位數並不改善。

(c)假設為連續資料，而以組中值，代表該組數據。

標準差 $\left\{ \dfrac{\left[160 \times (6.61 - 6.2)^2 + 328 \times (6.61 - 6.4)^2 + 896 \times (6.61 - 6.6)^2 + 618 \times (6.61 - 6.8)^2 + 73 \times (6.61 - 7.0)^2 \right]^{\frac{1}{2}}}{2075} \right\}$

$= 0.19$

$CV = \dfrac{0.19}{6.61} \times 100\% = 2.87$

3-18　參考習題 3-6

(a)其四分位距為 12 萬 3 千元，試驗算此值。是不是說有一半的筆數，其交易金額沒有超過 12 萬 3 千元？試解釋之。

(b)計算每筆交易金額的標準差與變異係數。如果開利證券行每筆交易金額都是合庫的 10 倍，則開利的標準差與變異係數會如何呢？試解釋之。

3-18 (a)　第一四分位數　　$\dfrac{Q_1 - 10}{25 - 10} = \dfrac{1265 - 958}{1901 - 958}$　　$Q_1 = 14.88$

第三四分位數 $\dfrac{Q_3 - 100}{250 - 100} = \dfrac{3795 - 3705}{4059 - 3705}$ $Q_3 = 138.13$

$IQR = Q_3 - Q_1 = 123$（千元）$= 12.3$ 萬

四分位距指得是中間 50 ％的差距，所以並不是指有一半的筆數，其交易金額沒有超過 12 萬 3 千元。

(b)標準差

$$\left\{ \dfrac{\begin{array}{l}\left[\,958 \times (\,148.38 - 5\,)^2 + 943 \times (\,148.38 - 17.5\,)^2\right.\\ + 1117 \times (\,148.38 - 37.5\,)^2 + 687 \times (\,148.38 - 75\,)^2\\ + 354 \times (\,148.38 - 175\,)^2 + 471 \times (\,148.38 - 375\,)^2\\ \left. + 530 \times (\,148.38 - 750\,)^2\,\right]\end{array}}{5060} \right\}^{\frac{1}{2}}$$

$= 230.81$

$CV = \dfrac{230.81}{148.38} \times 100\% = 155.55\%$

若每筆皆為 10 倍，則開利的標準差增為 10 倍，而 CV 不變。

理由：

$$S = \sqrt{\dfrac{\Sigma\,(\,x_i - \overline{x}\,)^2}{n}}$$

$$S' = \sqrt{\dfrac{\Sigma\,(\,10x_i - 10\overline{x}\,)^2}{n}} = 10\,\sqrt{\dfrac{\Sigma\,(\,x_i - \overline{x}\,)^2}{n}}$$

$= 10\,S$

$$CV = \dfrac{S}{\mu} \times 100\%$$

$$CV' = \dfrac{10\,S}{10\,\mu} \times 100\% = \dfrac{S}{\mu} \times 100\% = CV$$

3-19 參考習題 3-6 與 3-8

(a)試計算 B 組員工每小時薪水的變異係數，說明其意義。

(b)A 組員工每小時薪水的變異係數為 2.9 ％，那一組員工每小時薪水差異情形較大？這兩組資料的絕對差異如何比較？

3-19 (a)標準差 $\left\{ \dfrac{\left[\begin{array}{l} 80 \times (6.04-5.6)^2 + 118 \times (6.04-5.8)^2 \\ + 197 \times (6.04-6.0)^2 + 418 \times (6.04-6.2)^2 \\ + 17 \times (6.04-6.4)^2 \end{array} \right]}{830} \right\}^{\frac{1}{2}}$

$$= 0.21$$

$$CV = \frac{0.21}{6.04} \times 100\% = 3.42\%$$

即爲 B 組員工薪水分布的均勻度。

(b) B 組的差異較大，而絕對差異，可以平均數、衆數、四分位數等位置量數比較。

3-20 驗貨員報告他老闆說，50 個紅燒肉罐頭，平均重量爲 16.80 啢，標準差爲 0.25 啢。老闆問他重 16.30 至 17.30 啢大約有多少罐，因爲原始紀錄已遺失，他答不出來，你是不是可以幫他忙呢？說出一個下限卽可。

3-20 $\dfrac{(17.30 - 16.30)}{0.25} = 4$

$\dfrac{(17.30 + 16.30)}{2} = 16.80 = $ 平均數

所以，所求的範圍在平均數左右各兩個標準差之內的樣本數，而根據經驗法則，約有 95% 的樣本，會在該範圍內

所以

$$50 \times 95\% = 47.5$$

卽約有 47 或 48 罐的重量在 16.30 至 17.30 兩之間。

3-21 就圖 3-10 ，四月份產品 15 個燈泡鎢絲熔點溫度，當做一組樣本。已知 $\bar{x} = 330.8\,^\circ\text{C}$ ， $s = 22.1\,^\circ\text{C}$ ，若這 15 個燈泡當做羣體，則其平均數與標準差各爲若干？

3-21 平均數　330.8 ℃

標準差 $\sqrt{\dfrac{22.1^2 \times 14}{15}} = 21.4\,°C$

3-22 有一項關於家庭健康保險的抽樣調查，部分結果如下表：

家庭收入（元）	所有家庭百分比	參加保險者百分比	家長平均年齡
少於 10,000	29	22	30
10,000 — 14,999	32	58	38
15,000 — 24,999	27	83	51
至少 25,000	12	91	57

(a)所有參加保險的家庭，在所有家庭百分比如何？參加保險的家庭，其收入的眾數為多少？

(b)所有家庭其家長的平均年齡如何？

(c)參加保險家庭的收入的中位數與所有家庭的收入的中位數如何比較？

3-22 (a) $0.29 \times 0.22 + 0.32 \times 0.58 + 0.27 \times 0.83 + 0.12 \times 0.91$

$= 0.583$

$0.583 \times 100\% = 58.3\%$

即所有參加保險的家庭，占所有家庭 58.3%

而參加保險者，收入的眾數為 15,000～24,999 元之間。（或者 20,000 元）

(b) $30 \times 0.29 + 38 \times 0.32 + 51 \times 0.27 + 57 \times 0.12$

$= 41.47$（歲）

即所有家庭其家長的平均年齡。

(c)參加保險家庭者收入的中位數

$$\frac{x - 15000}{25000 - 15000} = \frac{50 - 42.7}{81.1 - 42.7}$$

$$x = 16901$$

所有家庭收入中位數

$$\frac{y - 10000}{15000 - 10000} = \frac{50 - 29}{61 - 29}$$

$$y = 13281$$

3-23 給定樣本資料如下：10，－15，6，－12，－11。(a)繪製一個點圖；(b)計算平均數$\overline{X}$，並將其標示在(a)的點圖上。

3-23 (a)

(b)平均數

$$\overline{x} = \frac{(10 - 15 + 6 - 12 - 11)}{5} = -4.4$$

3-24 經調查得知四個地區的失業率資料如下：

地　區	失業率（％）	勞動力（人）
A	3.6	114,395
B	3.8	214,758
C	2.5	206,324
D	6.5	843,160

(a)計算該四地區的未加權平均失業率$\overline{x}$；

(b)計算加權平均失業率$\overline{x}_w$；

(c)解釋(a)和(b)的結果為什麼不同，何者能夠真正地顯示該四地區的「平均失業率」？

3-24 (a) $\bar{x} = \dfrac{(3.6 + 3.8 + 2.5 + 6.5)}{4} = 4.1$ （%）

(b) $\bar{x}_w = \dfrac{[3.6 \times 114,395 + 3.8 \times 214,758 + 2.5 \times 206,324 + 6.5 \times 843,160]}{[114395 + 214758 + 206324 + 843160]}$

$\qquad = 5.24$ （%）

(c)因爲 $\bar{x}_w$ 是經加權後求出，自然與 $\bar{x}$ 不同，而 $\bar{x}_w$ 較能夠眞正顯示該四地區的平均失業率。

3-25 給定五個觀測值爲 10 ， 10 ， 50 ， 80 ， 1,000

(a)計算這組資料的平均數、中位數和衆數；

(b)你認爲能夠代表這組資料的最佳量數是平均數、中位數，還是衆數？

3-25 (a)平均數 　（10 ＋ 10 ＋ 50 ＋ 80 ＋ 1000 ）÷ 5 ＝ 230

　　 中位數　50

　　 衆　數　10

(b)中位數

3-26 計算以下各組資料的樣本變異數 s^2 和樣本標準差 s：

(a) 6 ， 6 ， 6 ， 6 ， 6 ， 6 ；

(b)－ 1 ， 2 ， 0 ， － 2 ， 1 ， － 1 ；

(c) 12 ， 11 ， 11 ， 12 ， 11 ， 11 ， 12 ；

(d) 101 ， 102 ， 101 ， 101 ， 100 。

3-26 (a)　 $s^2 = 0$ 　　　　$s = 0$

(b)　 $s^2 = 2.17$ 　　　$s = 1.47$

(c)　 $s^2 = 0.29$ 　　　$s = 0.53$

(d)　 $s^2 = 0.5$ 　・　　$s = 0.71$

3-27 茲有 700 位同學的一項數學測驗成績的次數分布如下表所示，試找出該分組資料的第一四分位數、第三四分位數、中位數和衆數，並繪出盒形圖。

成 績	學生人數
9.5 － 24.5	64
24.5 － 39.5	100
39.5 － 54.5	132
54.5 － 69.5	187
69.5 － 84.5	165
84.5 － 99.5	52
總　　計	700

3-27 第一四分位數 Q_1

$$\frac{Q_1 - 39.5}{54.5 - 39.5} = \frac{175 - 164}{296 - 164}$$

$Q_1 = 40.75$

第三四分位數 Q_3

$$\frac{Q_3 - 69.5}{84.5 - 69.5} = \frac{525 - 483}{648 - 483}$$

$Q_3 = 73.32$

中位數　Md

$$\frac{Md - 54.5}{69.5 - 54.5} = \frac{350 - 296}{483 - 296}$$

$Md = 58.83$

眾數　62

3-28 經隨機抽查 50 家公司，發現其 1989 年每股平均稅後純益（元）如下：

5.85　5.01　5.26　5.24　4.20　4.92　6.18　5.92　6.13　5.84

6.54　5.04　5.85　5.96　5.28　4.89　4.64　6.01　5.66　4.72

5.96　6.14　5.98　3.96　6.02　5.27　4.30　4.18　5.74　5.04

5.67　6.30　5.58　5.30　4.98　5.71　6.18　6.18　5.87　6.12

6.39　4.98　4.06　5.96　4.55　5.08　5.62　6.08　5.70　6.37

試作以下各題：

(a)計算平均數 $\overline{x}$ ，變異數 s^2 ，和標準差 s ；

(b)找出區間〔 $\overline{x} - 2s$ ， $\overline{x} + 2s$ 〕，計算落在該區間內的觀測值所佔的比例，並將你的結果和應用柴比雪夫法計算出的結果比較。

(c)將資料由小至大按序排列；

(d)找出中位數 Md ，第一四分位數 Q_1 ，和第三四分位數 Q_3 ；並繪出盒形圖。

(e)計算四分位距。

3-28 (a) $\overline{x} = 5.49$

$s^2 = 0.46$

$s = 0.68$

(b) $\overline{x} - 2s = 4.13$

$\overline{x} + 2s = 6.85$

$n = 48$ 佔 $\dfrac{48}{50} \times 100\% = 96\%$

根據柴比雪夫不等式

應至少有 $1 - \dfrac{1}{2^2} = 0.75 = 75\%$ 在 $\overline{x} \pm 2S$ 之間

可知符合柴比雪夫不等式。

(c) 3.96　4.06　4.18　4.20　4.30　4.55　4.64　4.72　4.89　4.92

4.98　4.98　5.01　5.04　5.04　5.08　5.24　5.26　5.27　5.28

5.30　5.58　5.62　5.66　5.67　5.70　5.71　5.74　5.84　5.85

5.85　5.87　5.92　5.96　5.96　5.96　5.98　6.01　6.02　6.08

6.12　6.13　6.14　6.18　6.18　6.18　6.30　6.37　6.39　6.54

(d) Md : $\dfrac{(5.67 + 5.70)}{2} = 5.685$

Q_1 　　　4.995

Q_3 6.015

$IQR = Q_3 - Q_1 = 1.02$

3-29 繪製 2-16 的盒形圖。

3-29

    Min ： 2.1

    Q_1 ： 6.05

    Q_3 ： 8.45

    Md ： 6.95

    Max ： 15.1

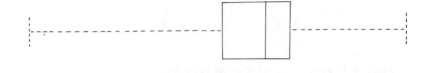

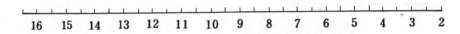

16 15 14 13 12 11 10 9 8 7 6 5 4 3 2

3-30 繪製 2-17 的盒形圖。

3-30

    Min   42

    Q_1 60.5

    Q_3 80

    Max   94

    Md   69

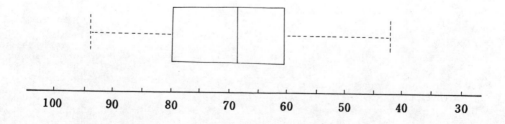

100   90   80   70   60   50   40   30

3-31 試繪製鎢絲熔點例中二樣本的盒形圖。

3-31 四月份鎢絲熔點

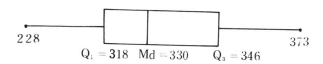

十月份鎢絲熔點

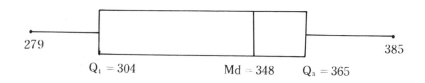

3-32 試分別繪製汽車及非美製汽車耗油量的盒形圖。

3-32 美製汽車

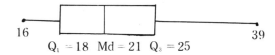

非美製汽車

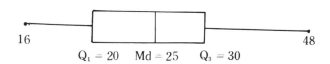

第 Ⅱ 單元　基本機率理論

第四章　機率概念

4-1　設一盒中有 5 個燈泡，其中三良品二不良品，現以不放回方式每次
　　　抽取一個燈泡，共取三次。

　　　(i)試寫出樣本空間。

　　　(ii)試以集合表示下列諸事件。

　　　　(a) E_1 ＝恰有一燈泡爲良品。

　　　　(b) E_2 ＝至少有一燈泡爲良品。

　　　　(c) E_3 ＝至多有一燈泡爲良品。

　　　　(d) E_4 ＝沒有燈泡爲良品。

4-1　(i)以 O 代表良品，X 爲不良品

　　　樣本空間 { OOO , OXO , XOO , OOX , OXX , XXO , XOX }

　　　(ii)(a) E_1 ＝ { OXX , XXO , XOX }

　　　　(b) E_2 ＝ { OOO , OXO , XOO , OOX , OXX , XXO , XOX }

　　　　(c) E_3 ＝ { OXX , XXO , XOX }

　　　　(d) E_4 ＝ ϕ

4-2　在某大學的校區中隨機任選一位學生，設事件 E_1 表示主修數學的
　　　學生，E_2 表輔修計算機的學生，E_3 表四年級學生，試用話語描述
　　　以下事件。

　　　(a) $E_1 \cup E_2 \cup E_3$　　　　　　(b) $E_1 \cap E_2 \cap E_3$

　　　(c) $(E_1 \cap E_2)'$　　　　　　(d) $(E_1 \cup E_3)'$

　　　(e) $E_1' \cup E_2' \cup E_3'$　　　　(f) $E_1' \cap E_2' \cap E_3'$

　　　(g) $E_1' \cap E_2 \cap E_3$

4-2　(a)只要是主修數學或輔修計算機或四年級的學生所成的集合。

(b)既是主修數學且輔修計算機，並為四年級學生所成的集合。

(c)只要不主修數學且不輔修計算機的學生所成的集合。

(d)沒有主修數學的非四年級學生，所成的集合。

(e)不主修數學且不輔修計算機且不是四年級學生，所成的集合。

(f)主修數學、輔修計算機，四年級，無上述任何情況的學生所成的集合。

(g)四年級輔修計算機但非主修數學的學生所成的集合。

4-3　設 E 及 F 為二事件，已知若 E 不發生則 F 發生，若 F 不發生則 E 發生，試問 E 和 F 是否為互補？

4-3　是的，E 和 F 為互補。

4-4　設 E 和 F 為二事件，已知 $P(E) = 0.6$，$P(F) = 0.7$ 和 $P(E \cap F) = 0.4$，試求下列諸機率。

(a) $P(E \cup F)$　　　　　　(b) $P(E \cap F')$

(c) $P(F \cap E')$　　　　　　(d) $P((E \cap F)')$

(e) $P((E \cup F)')$　　　　　(f) $P(E' \cap F')$

4-4　(a) $P(E \cup F) = P(E) + P(F) - P(E \cap F)$
$$= 0.6 + 0.7 - 0.4 = 0.9$$

(b) $P(E \cap F') = P(E) - P(E \cap F) = 0.6 - 0.4 = 0.2$

(c) $P(F \cap E') = P(F) - P(E \cap F) = 0.7 - 0.4 = 0.3$

(d) $P((E \cap F)') = 1 - P(E \cap F) = 1 - 0.4 = 0.6$

(e) $P((E \cup F)') = 1 - P(E \cup F) = 1 - 0.9 = 0.1$

(f) $P(E' \cap F') = 1 - P(E \cup F) = 1 - 0.9 = 0.1$

4-5 設 E，F，G 為三事件，在下列各條件下，試分別求 $P(E \cup (F' \cup G')')$

(a)若已知 $P(E) = \dfrac{1}{2}$ 及 E，F，G 互斥；

(b)若已知 $P(E) = \dfrac{1}{2}$ 及 $P(E) = 2P(F \cap G) = 3P(E \cap F \cap G)$；

(c)若已知 $P(E) = \dfrac{1}{2}$, $P(F \cap G) = \dfrac{1}{3}$ 及 $P(E \cap G) = 0$;

(d)若已知 $P(E' \cap (F' \cup G')) = 0.7$ 。

4-5　(a)$P(E \cup (F' \cup G')') = P(E \cup \phi) = P(E) = \dfrac{1}{2}$

(b)$P(E \cup (F' \cup G')') = P(E \cup (F \cap G))$

$= P(E) + P(F \cap G) - P(E \cap F \cap G)$

$= \dfrac{1}{2} + \dfrac{1}{4} - \dfrac{1}{6} = \dfrac{7}{12}$

(c)$P(E \cup (F' \cup G')') = P(E) + P(F \cap G)$

$$= \dfrac{1}{2} + \dfrac{1}{3} = \dfrac{5}{6}$$

(d)$P(E \cup (F' \cup G')') = 1 - P(E' \cap (F' \cup G'))$

$$= 1 - 0.7 = 0.3$$

4-6　設 E , F , G 爲互斥事件 , $E \cup F \cup G = S$。若 $P(E) = 2p(F) = 3P(G)$, 試求

(a)$P(E \cup F)$　　　　　　　(b)$P(E \cap F')$

(c)$F(E' \cap F' \cap G')$　　　　(d)$P(E' \cup F' \cup G')$

(e)$P(E' \cap (F \cup G))$　　　　(f)$P(E \cap (F' \cup G'))$

4-6　E、F、G 互斥 ,

$\therefore$　$P(E \cup F \cup G)$

$= S = P(E) + P(F) + P(G)$

$= P(E) + \dfrac{1}{2}P(E) + \dfrac{1}{3}P(E) = \dfrac{11}{6}P(E)$

$\therefore$　$P(E) = \dfrac{6}{11}S$　　$P(F) = \dfrac{3}{11}S$　　$P(G) = \dfrac{2}{11}S$

(a)$P(E \cup F) = P(E) + P(F) = \dfrac{9}{11}S$

(b) $P(E \cap F') = P(E) = \dfrac{6}{11} S$

(c) $P(E' \cap F' \cap G') = 1 - P(E) - P(F) - P(G)$

$\qquad\qquad\qquad = 1 - S$

(d) $P(E' \cup F' \cup G') = 1$

(e) $P(E' \cap (F \cup G)) = P(F) + P(G) = \dfrac{3}{11} S + \dfrac{2}{11} S$

$\qquad\qquad\qquad\qquad = \dfrac{5}{11} S$

(f) $P(E \cap (F' \cup G')) = P(E) = \dfrac{6}{11} S$

4-7　設 E，F，G 為三任意事件，試證明

$\qquad P(E \cup F \cup G) = P(E) + P(F) + P(G) - P(E \cap F) -$

$\qquad\qquad P(E \cap G) - P(F \cap G) + P(E \cap F \cap G)$

4-7　$P(E \cup F \cup G)$

$= P(E \cup (F \cup G))$

$= P(E) + P(F \cup G) - P(E \cap (F \cup G))$

$= P(E) + P(F) + P(G) - P(F \cap G) - P(E \cap F)$

$\quad - P(E \cap G) + P(E \cap F \cap G)$

4-8　某建築工地發生一起工人爭吵事件，工頭被指控為具有種族歧視，將 20 人不公平地分配同種工作，已知第一種職務（人人不愛幹）需要 6 人，第二、三、四種職務各需 4，5，5 個人，爭執是將某一種族的 4 人都指派第一種工作而引起，人為決定指派是否有不公之處，仲裁小組希望知道將同種族的 4 個工人分列第一種職務的機率，設指派職務以隨機方式進行，試求該 4 人均分派第一種職務的機率。

4-8　$P = \dfrac{6}{20} \times \dfrac{5}{19} \times \dfrac{4}{18} \times \dfrac{3}{17} = 0.003$

4-9 假定隨機選出的一位學生對某教授的教學方法只可分為三種不同的意見（或實驗的三種出象）；即 $e_1 = \{$ 贊成 $\}$，$e_2 = \{$ 反對 $\}$，和 $e_3 = \{$ 無意見 $\}$。試問以下各題中，那一題指定機率的方法不合理？為什麼？

(a) $P(e_1) = 0.4$，$P(e_2) = 0.5$，$P(e_3) = 0.1$；

(b) $P(e_1) = 0.4$，$P(e_2) = 0.4$，$P(e_3) = 0.4$；

(c) $P(e_1) = 0.5$，$P(e_2) = 0.5$，$P(e_3) = 0$；

(d) $P(e_1) = 0.6$，$P(e_2) = -0.3$，$P(e_3) = 0.7$。

4-9 (b)因為 e_1，e_2，e_3 為互斥，所以 $P(e_1) + P(e_2) + P(e_3) = 1$
　　而此例 $P(e_1) + P(e_2) + P(e_3) = 1.2$ 顯然不合理。

(d) $P(e_2) = -0.3$　機率必大於等於 0，不可能為負數。

4-10 一項統計學作業中共有 8 題多重選擇題，每題都有三個答案，其中只有一個是正確的。今有一位同學打算用擲骰子的方式作答，他決定若擲出 1 點或 2 點，則選第一個答案；若擲出 3 點或 4 點，則選第二個答案；若擲出 5 點或 6 點，則選第三個答案。試問該同學恰好答對四題的機率為若干？

4-10 $\binom{8}{4} \left(\frac{1}{3}\right)^4 \left(\frac{2}{3}\right)^4 = 0.17$

即恰好答對四題的機率為 0.17。

4-11 以下四個函數僅有一個全然符合機率密度函數的條件，試指出那一個是機率密度函數，並且說明其他函數不滿足的條件為何？

(a) $f(x) = \begin{cases} 3x^2 & 0 \leq x \leq 2 \\ 0 & \text{其他} \end{cases}$

(b) $f(x) = \begin{cases} \dfrac{4x}{3} - 1 & 1 \leq x \leq 2 \\ 0 & \text{其他} \end{cases}$

(c) $f(x) = \begin{cases} \dfrac{3}{2}x - 1 & 0 \leq x \leq 2 \\ 0 & \text{其他} \end{cases}$

(d) $f(x) = \begin{cases} \dfrac{x}{10} & x = 1 \ , \ 2 \ , \ 3 \ , \ 4 \\ 0 & \text{其他} \end{cases}$

4-11 (a)因為 $\displaystyle\int_0^2 f(x)\,dx = 3\int_0^2 x^2\,dx = x^3 \Big|_0^2 = 8 > 1$ 所以不是機率密度函數。

(b)為機率密度函數。

(c) $f(x) = \dfrac{3}{2}x - 1$ 當 $x = 0$ 時 $f(x) = -1 < 0$ 所以不是機率密度函數。

(d)機率密度函數的分布為連續，而 $x = 1$, 2 , 3 , 4 所以不是。

4-12 設 X 表一連續隨機變數，其機率密度函數為

$$f(x) = \begin{cases} \dfrac{x}{8} & 0 \leq x \leq 4 \\ 0 & \text{其他} \end{cases}$$

設事件 E_1 , E_2 , E_3 分別為

$$E_1 = \{ x \mid -\infty < x \leq 2 \}$$
$$E_2 = \{ x \mid 1 \leq x \leq 3 \}$$
$$E_3 = \{ x \mid 2 \leq x \leq \infty \}$$

(a)設寫出 $f(x)$ 的累計分布函數 $F(x)$。

(b)試決定以下各機率

(1) $P(E_1)$ (2) $P(E_1 \cap E_2)$

(3) $P(E_2 \cap E_3)$ (4) $P(E_2 \cup E_3)$

(5) $P(E_2 \mid E_3)$

(c)事件 E_2 和 E_3 是否為獨立？試解釋之。

4-12

(a) $F(x) = P(X < x) = \int_{-\infty}^{x} f(u)\, du = \int_{-0}^{x} \frac{u}{8}\, du = \frac{1}{8} \int_{-0}^{x} u\, du$

$$= \frac{1}{16} u^2 \Big|_{0}^{x} = \frac{1}{16} x^2$$

(b)(1) $P(E_1) = P(X < 2) = \frac{1}{16}(2)^2 = \frac{1}{4}$

(2) $P(E_1 \cap E_2) = P(1 \leq X \leq 2) = \frac{1}{8} \int_{1}^{2} u\, du$

$$= \frac{1}{16} u^2 \Big|_{1}^{2} = \frac{1}{4} - \frac{1}{16} = \frac{3}{16}$$

(3) $P(E_2 \cap E_3) = P(2 \leq X \leq 3) = \frac{1}{16} u^2 \Big|_{2}^{3}$

$$= \frac{9}{16} - \frac{4}{16} = \frac{5}{16}$$

(4) $P(E_2 \cup E_3) = P(1 \leq X \leq 4)$

$$= \frac{1}{16} \times 4^2 - \frac{1}{16} = \frac{15}{16}$$

(5) $P(E_2 \mid E_3) = \dfrac{P(E_2 \cap E_3)}{P(E_3)} = \dfrac{\dfrac{5}{16}}{\dfrac{1}{16}4^2 - \dfrac{1}{16}2^2} = \dfrac{5}{12}$

(c) $P(E_2) = \frac{1}{16} u^2 \Big|_{1}^{3} = \frac{9}{16} - \frac{1}{16} = \frac{1}{2}$

$P(E_3) = \frac{1}{16} 4^2 - \frac{1}{16} 2^2 = \frac{12}{16} = \frac{3}{4}$

$P(E_2 \cap E_3) = \frac{5}{16}$

$$P(E_2)P(E_3) = \frac{1}{2} \times \frac{3}{4} = \frac{3}{8} \neq \frac{5}{16}$$

所以 E_2 ，E_3 並不獨立。

4-13 設 E ，F 爲二事件，已知：

(a) $P(E) > 0$ ，$P(F) > 0$

(b) $P(E) + P(F) = \frac{3}{4}$

(c) $P(E \mid F) + P(F \mid E) = 1$

試將 $P(E \cap F')$ 以 $P(E)$ 表之。

4-13 $\because$ $P(E) + P(F) = \frac{3}{4}$

$\therefore$ $P(F) = \frac{3}{4} - P(E)$

$\because$ $P(E \mid F) + P(F \mid E) = 1$

$\therefore$ $\dfrac{P(E \cap F)}{P(F)} + \dfrac{P(F \cap E)}{P(E)} = 1$

$\therefore$ $P(E \cap F) = \frac{4}{3}P(E)P(F) = \frac{4}{3}P(E)\left[\frac{3}{4} - P(E)\right]$

$$= P(E) - \frac{4}{3}\left[P(E)\right]^2$$

$$P(E \cap F') = P(E) - P(E \cap F)$$

$$= P(E) - P(E) + \frac{4}{3}\left[P(E)\right]^2$$

$$= \frac{4}{3}\left[P(E)\right]^2$$

4-14 假定一個人造地球衛星上裝有三組太陽電池，但三組電池必須皆起作用，才能產生足夠的動力。已知各組電池爲獨立作用，單獨一組電池失效的機率爲 0.02 ，試問該衛星的運轉期間能獲得足夠動力

的機率為若干？（機率值稱為該系統的「可靠度」（reliability））

4-14 $p = (1 - 0.02)^3 = 0.98^3 = 0.94$

即獲得足夠動力的機率為 0.94 。

4-15 已知含 10 件製成品的送驗批中，有二件不良品。若隨機抽取一一檢驗這些成品，試問若欲剔除所有不良品，應期望檢驗多少件製成品。

4-15

抽檢件數	機 率	期望值	備 註
2	$\frac{2}{10} \times \frac{1}{9}$	$\frac{2}{45}$	X X
3	$2 \times \frac{8}{10} \times \frac{2}{9} \times \frac{1}{8}$	$\frac{2}{15}$	O X | X
4	$3 \times \frac{8}{10} \times \frac{7}{9} \times \frac{2}{8} \times \frac{1}{7}$	$\frac{4}{15}$	O O X | X
5	$4 \times \frac{8}{10} \times \frac{7}{9} \times \frac{6}{8} \times \frac{2}{7} \times \frac{1}{6}$	$\frac{4}{9}$	O O O X | X
6	$5 \times \frac{8}{10} \times \frac{7}{9} \times \frac{6}{8} \times \frac{5}{7} \times \frac{2}{6} \times \frac{1}{5}$	$\frac{2}{3}$	O O O O X | X
7	$6 \times \frac{8}{10} \times \frac{7}{9} \times \frac{6}{8} \times \frac{5}{7} \times \frac{4}{6} \times \frac{2}{5} \times \frac{1}{4}$	$\frac{42}{45}$	O O O O O X | X
8	$7 \times \frac{8}{10} \times \frac{7}{9} \times \frac{6}{8} \times \frac{5}{7} \times \frac{4}{6} \times \frac{3}{5} \times \frac{2}{4} \times \frac{1}{3}$	$\frac{56}{45}$	O O O O O O X | X
8	$\frac{8}{10} \times \frac{7}{9} \times \frac{6}{8} \times \frac{5}{7} \times \frac{4}{6} \times \frac{3}{5} \times \frac{2}{4} \times \frac{1}{3}$	$\frac{8}{45}$	皆良品，剩兩件必為不良品 O O O O O O O O | X X
9	$8 \times \frac{8}{10} \times \frac{7}{9} \times \frac{6}{8} \times \frac{5}{7} \times \frac{4}{6} \times \frac{3}{5} \times \frac{2}{4} \times \frac{2}{3} \times \frac{1}{2}$	$\frac{8}{5}$	O O O O O O O X | X O
9	$8 \times \frac{8}{10} \times \frac{7}{9} \times \frac{6}{8} \times \frac{5}{7} \times \frac{4}{6} \times \frac{3}{5} \times \frac{2}{4} \times \frac{2}{3} \times \frac{1}{2}$	$\frac{8}{5}$	O O O O O O O O X | O X
Total	1	$\frac{64}{9}$	

答： $\frac{64}{9}$ 件

4-16 已知連續隨機變數 X 的機率密度函數為

$$f(x) = \begin{cases} 2e^{-2x} & x > 0 \\ 0 & x \leq 0 \end{cases}$$

試求 (a) E(X)　(b) E(X²)　(c) V(X)。

4-16

(a) $E(X) = \int_{-\infty}^{\infty} x\, f(x)\, dx$

$$= \int_{0}^{\infty} 2x e^{-2x}\, dx = -x e^{-2x}\, \Big|_{0}^{\infty} + \int_{0}^{\infty} e^{-2x}\, dx$$

$$= \frac{-1}{2}\, e^{-2x}\, \Big|_{0}^{\infty} = 0 - (\frac{-1}{2}) \times 1 = \frac{1}{2}$$

(b) $E(X^2) = 2 \int_{0}^{\infty} x^2\, e^{-2x}\, dx$

$$= -x^2\, e^{-2x}\, \Big|_{0}^{\infty} + \int_{0}^{\infty} x e^{-2x}\, dx$$

$$= -\frac{1}{2}\, x e^{-2x}\, \Big|_{0}^{\infty} - \int_{0}^{\infty} (-\frac{1}{2}\, e^{-2x})\, dx$$

$$= \frac{1}{2} \int_{0}^{\infty} e^{-2x}\, dx = \frac{1}{2}$$

(c) $V(X) = E(X^2) - [E(X)]^2$

$$= \frac{1}{2} - (\frac{1}{2})^2 = \frac{1}{4}$$

4-17 隨機變數 X 的機率密度函數給定如下，試計算 E(X) 和 E(X²)。

$$f(x) = \frac{|x-2|}{7}, \quad x = -1, 0, 1, 3$$

4-17 $P(x = -1) = \frac{3}{7}$

$$P(x = 0) = \frac{2}{7}$$

$$P(x=1) = \frac{1}{7}$$

$$P(x=3) = \frac{1}{7}$$

$$E(X) = \Sigma \, x_i P(x_i) = (-1) \times \frac{3}{7} + 0 \times \frac{2}{7} + 1 \times \frac{1}{7} + 3 \times \frac{1}{7}$$

$$= \frac{1}{7}$$

$$V(X) = \Sigma \, (x_i - E(x_i))^2 P(x_i) = (-1 - \frac{1}{7})^2 \cdot \frac{3}{7} + (0$$

$$- \frac{1}{7})^2 \cdot \frac{2}{7} + (1 - \frac{1}{7})^2 \cdot \frac{1}{7} + (3 - \frac{1}{7})^2 \cdot \frac{1}{7}$$

$$= \frac{90}{49}$$

$$E(X^2) = V(X) + [\, E(X)\,]^2 = \frac{90}{49} + (\frac{1}{7})^2 = \frac{91}{49} = \frac{13}{7}$$

4-18 老馬在一所大學附近擺了一座書報攤，他預期晴天時每天可以獲利
600 元，陰天可以獲利 300 元，雨天只有 100 元。假定晴天、陰天
和雨天三個事件的機率分別為 0.6，0.3 和 0.1，試問(a)老馬的預
期利潤為若干? (b)如果老馬投保了 400 元的「雨天險」，保費為90
元，這種情況下他的預期利潤為若干?

4-18 (a)預期利潤

600 × 0.6 + 300 × 0.3 + 100 × 0.1 = 460（元）

(b) 510 × 0.6 + 210 × 0.3 + 310 × 0.1 = 400（元）

4-19 設 X 表工作申請人過去曾有工作職位數，其機率分布為：

X	0	1	2	3	4
P(X=x)	0.60	0.20	0.10	0.05	0.05

(a)試解釋下列各項的意義(1)P（0），(2)P（X≤1），(3)P（1 ≤ X≤ 3 ）。

(b)試計算上述各項之值。

(c)建構機率分布的圖形。

(d)建構累計機率分布的圖形，由圖形找出P（X≤3），解釋上項的意義。

(e)計算(1)P（X＝0 ｜ X≤3 ） (2)P（X≥2 ｜ X≥1 ）。

4-19 (a)(1)P（0）：來申請工作者，過去從沒有工作職位的機率。

(2)P（X≤1）：來申請工作者，過去從沒有工作職位或只有一個的機率。

(3)P（1≤X≤3）：來申請工作者，過去有一到三個工作職位的機率。

(b)P（0）＝0.6

P（X≤1）＝0.6＋0.2＝0.8

P（1≤X≤3）＝0.2＋0.1＋0.05＝0.35

(c)

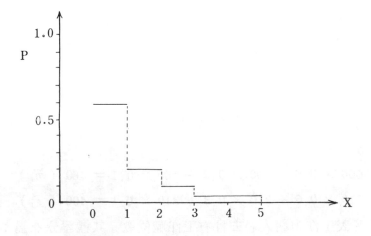

(d)

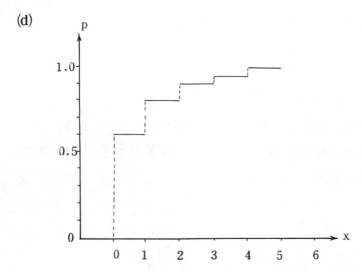

(e)

(1) $P(X=0 \mid X \leq 3) = \dfrac{P(X=0)}{P(X \leq 3)} = \dfrac{0.6}{0.95} = 0.63$

(2) $P(X \geq 2 \mid X \geq 1) = \dfrac{P(X \geq 2)}{P(X \geq 1)} = \dfrac{0.2}{0.4} = 0.5$

4-20 已知隨機變數 X 滿足 $E(X) = 3$ 和 $E(X^2) = 13$ ，試利用柴比雪夫定理決定 $P(-2 < X < 8)$ 的下界。

4-20 $Var(X) = E(X^2) - [E(X)]^2 = 13 - 3^2 = 4$

∴　$S = \sqrt{4} = 2$

求　$P(-2 < X < 8)$　之下界

$$P\left(\left|\dfrac{-2-3}{2}\right| > k\right) < \dfrac{1}{k^2}$$

$$\left|\dfrac{-2-3}{2}\right| = 2.5$$

$$\left|\dfrac{8-3}{2}\right| = 2.5$$

∴　$P(-2 < X < 8) = 1 - \dfrac{1}{2.5^2} - \dfrac{1}{2.5^2} = 0.68$

4-21 已知隨機變數 X 的機率函數

$$f(x) = \begin{cases} \dfrac{k^2 - 1}{k} & x = 0 \\[2mm] \dfrac{1}{2k^2} & x = -k, k \\[2mm] 0 & \text{其他} \end{cases}$$

試求 E(X) 和 Var(X)，並比較 $P(|X - \mu| < k\sigma)$ 與柴比雪夫定理該值的下界。

4-21
$$f(x) = \begin{cases} \dfrac{k^2 - 1}{k} & x = 0 \\[2mm] \dfrac{1}{2k^2} & x = -k, k \\[2mm] 0 & \text{其它} \end{cases}$$

$\Sigma f(x) = 1$

$$\frac{k^2 - 1}{k} + \frac{1}{2k^2} + \frac{1}{2k^2} = 1$$

$$k = 1, -1$$

$$\therefore \quad f(x) = \begin{cases} 0 & x = 0 \\[2mm] \dfrac{1}{2} & x = 1, -1 \\[2mm] 0 & \text{其它} \end{cases}$$

$$\therefore \quad E(X) = \Sigma x_i P(x_i) = 1 \times \frac{1}{2} + (-1) \times \frac{1}{2} = 0$$

$$Var(X) = \Sigma (x_i - E(x_i))^2 P(x_i)$$

$$= (1 - 0)^2 \times \frac{1}{2} + (-1 - 0)^2 \times \frac{1}{2} = 1$$

$$P(|X - \mu| < k\sigma) = P(x < k) = P(x < 1) = 1$$

根據柴比雪夫定理

$$P\left(\left|\frac{X-\mu}{\sigma}\right|<k\right)>\frac{1}{k^2}$$

$k=1$，下界 $\frac{1}{k^2}=1$ 爲相同的值。

4-22 一機率分布

$$P(D=d)=c\,\frac{2^d}{d!}\qquad d=1,2,3,4$$

D 爲每日需求量

(a)試求 c 值；

(b)試求每日期望需求量；

(c)假定生產者每日生產 k 件，每件售價 5 元，而該產品爲易腐品，隔日即成廢物。當天生產而未售出的產品每件損失 3 元，試求 k 值，以期生產者能獲得最大的利潤。

4-22
(a) $\sum p_i = 1 = c\left[\frac{2^1}{1!}+\frac{2^2}{2!}+\frac{2^3}{3!}+\frac{2^4}{4!}\right]$

$\qquad = c\left(2+2+\frac{8}{6}+\frac{16}{24}\right)=6c$

$c=\frac{1}{6}$

(b) $P(1)=\frac{1}{3}\qquad P(2)=\frac{1}{3}\qquad P(3)=\frac{2}{9}\qquad P(4)=\frac{1}{9}$

$E(X)=\frac{1}{3}\times 1+\frac{1}{3}\times 2+\frac{2}{9}\times 3+\frac{1}{9}\times 4=\frac{19}{9}$

(c) $k=1$　每日利潤　　　　　5 元

$\qquad k=2\qquad\qquad (2\times 3+6\times 10)\,\frac{1}{9}=\frac{22}{3}$ 元

$\qquad k=3\qquad\qquad [18\times 5-(2\times 3+1\times 3)\times 3]\times\frac{1}{9}=7$ 元

$$k = 4 \qquad (19 \times 5 - 17 \times 3) \frac{1}{9} = \frac{44}{9} 元$$

所以生產 2 件，當能獲得最大利潤。

4-23 王君害怕他於搭飛機時會遭刼機，每次搭機時都隨身帶一炸彈，他的說法是每次刼機從來沒有過兩人都携帶炸彈的，因此若他帶有炸彈不刼機，他所搭飛機就不致遭刼機，試問他的想法是否正確。

4-23 他的想法是錯誤的，王君是否帶有炸彈，並不影響其他人刼機的發生，因爲這是獨立事件。

4-24 東海保險公司深信駕駛人可分成有肇事傾向者和無肇事傾向者之兩大類，依據該公司的統計資料顯示，一有肇事傾向者在一年期內會肇事的機率爲 0.4，而另一類人會肇事的機率則僅爲 0.2，設若羣體中有 30 ％的人爲屬於第一類。

(a)試求一新投保人於購買保險的一年內會肇事的機率爲若干？

(b)已知一新投保人於一年內肇事，試求其爲屬於肇事傾向者的機率？

4-24 (a) $p = 0.3 \times 0.4 + 0.7 \times 0.2 = 0.26$

(b) p（有肇事傾向｜一年內肇事）

$$= \frac{0.3 \times 0.4}{0.26} = \frac{0.12}{0.26} = 0.46$$

4-25 將劃有「＋」號的紙條給甲，甲可能將之改爲「－」然後再交給乙，乙也可能將符號改變然後再交給丙，丙又可能將符號改變然後把紙條交給丁，丁又同樣地可能把符號改變最後遞給戊，設若戊發現紙條上的符號爲「＋」號，設甲乙丙丁改變紙條上符號之機會相等，同時各人的決定爲獨立，試求甲未改變「＋」號的機率？

4-25 各人決定爲獨立，所以甲未改變「＋」的機率爲 $\frac{1}{2}$。

4-26 爲了鼓勵小達成爲象棋高手，他父親立了一個辦法：倘若小達能於他和象棋社冠軍交替三局比賽中至少連勝二局，就送給他一個獎

品，至於順序是「父冠父」或者是「冠父冠」則由他自己擇取。已知象棋冠軍棋藝高於小達的父親，試問小達如何決定方是上策。

4-26 小達勝父機率 p

　　　勝冠軍機率 q　　　　　$1 > p > q$

　　Ⅰ. 父冠父

　　　連勝兩場機率爲　$pq + (1 - p)(qp) = (2 - p) pq$

　　Ⅱ. 冠父冠

　　　連勝兩場機率爲　$pq + (1 - q)(pq) = (2 - q) pq$

根據Ⅰ. Ⅱ.

　　$\because$　$1 > p > q$

　　　$2 - q > 2 - p$

　　$\therefore$　$(2 - q) pq > (2 - p) pq$

　　$\therefore$　第Ⅱ種選擇，冠父冠。

4-27 設隨機變數 X 的機率密度函數爲：

$$f (x) = k (1 + x^2)^{-\frac{n}{2}} \quad -\infty < x < \infty$$

試定義 k 的值。

4-27

(1) $\displaystyle\int_{-\infty}^{\infty} k (1 + x^2)^{-2} \, dx$

$\displaystyle = 2k \int_{0}^{\infty} (1 + x^2)^{-2} \, dx$（因 $f (x)$ 爲偶函數）

設　$u = \dfrac{1}{1 + x^2}$，則　$x = \sqrt{\dfrac{1 - u}{u}}$

$dx = \dfrac{1}{2} (\dfrac{1 - u}{u})^{-\frac{1}{2}} \cdot \dfrac{u (-1) - (1 - u) \cdot 1}{u^2} \, du$

$\quad = \dfrac{-1}{2u^2} \cdot \dfrac{\sqrt{u}}{\sqrt{1 - u}}$

$\therefore \displaystyle\int_{-\infty}^{\infty} k (1 + x^2)^{-2} \, dx$

$$= -2k \int_1^0 u^2 \cdot \frac{1}{2u^2} \cdot \frac{\sqrt{u}}{\sqrt{1-u}} \, du$$

$$= k \int_0^1 u^{\frac{1}{2}} (1-u)^{-\frac{1}{2}} \, du$$

$$= k \int_0^1 u^{\frac{3}{2}-1} (1-u)^{\frac{1}{2}-1} \, du$$

$$= kB\left(\frac{3}{2}, \frac{1}{2}\right)$$

$$= k \cdot \frac{\Gamma\left(\frac{3}{2}\right) \Gamma\left(\frac{1}{2}\right)}{\Gamma\left(\frac{3}{2}+\frac{1}{2}\right)}$$

$$= \frac{k \cdot \frac{1}{2} \Gamma\left(\frac{1}{2}\right) \Gamma\left(\frac{1}{2}\right)}{\Gamma(2)}$$

$$= \frac{k}{2} \cdot \frac{\sqrt{\pi} \sqrt{\pi}}{1} = \frac{\pi k}{2}$$

由於 $\displaystyle\int_{-\infty}^{\infty} k (1+x^2)^{-2} \, dx = 1$

$$\therefore \quad k = \frac{2}{\pi}$$

4-28 設隨機變數 X 的機率密度函數為：

$$f(x) = \begin{cases} kx^2 e^{-kx} & k > 0 \quad 0 < x < \infty \\ 0 & \text{其他} \end{cases}$$

(a)試求 k 的值；

(b)試求累計分布函數 F(x)；

(c)試求 $P\left(0 < X < \dfrac{1}{k}\right)$。

4-28 (a) $\int_0^\infty k\, x^2\, e^{-kx}\, dx = 1$

$\therefore \quad \left[\, -x^2\, e^{-kx} + 2\left(\dfrac{-x}{k}\, e^{-kx} - \dfrac{1}{k^2}\, e^{-kx}\right)\,\right]\Bigg|_0^\infty = 1$

$2\left[\, 0 - 0 - 0 + \dfrac{1}{k^2}\,\right] = 1$

$k = \sqrt{2}$

(b) $F(x) = \int_0^x f(u)\, du = e^{-\sqrt{2}\,x}\,(\,-x^2 - \sqrt{2}\,x - 1\,) + \dfrac{2}{k^2}$

$= 1 - (\,x^2 + \sqrt{2}\,x + 1\,)\, e^{-\sqrt{2}\,x}$

(c) $P\left(\,0 < X < \dfrac{1}{k}\,\right)$

$= 1 - \left(\dfrac{1}{k^2} + \dfrac{\sqrt{2}}{k} + 1\right)\, e^{-\frac{\sqrt{2}}{k}}$

$= 1 - \left(\dfrac{1}{2} + 1 + 1\right)\, e^{-1} = 0.08$

4-29 設隨機變數 X 的累計分布函數為:

$$F(x) = \begin{cases} 0 & x < 0 \\[2mm] \dfrac{1}{8}\,(\,x+1\,) & 0 \le x < 1 \\[2mm] \dfrac{1}{2} & 1 \le x < 2 \\[2mm] \dfrac{1}{8}\,x + \dfrac{1}{2} & 2 \le x < 4 \\[2mm] 1 & x \ge 4 \end{cases}$$

(a)試繪出 F(x) 的圖形;

(b)試求下列各機率的值:

(1) P(X = 2)　　　　　　　(2) P(X = 3)

(3) $P(X>0)$ (4) $P(X>2)$

(5) $P(1<X<3)$ (6) $P(X>2 \mid X>0)$

(7) $P(X<3 \mid X>1)$

4-29 (a)

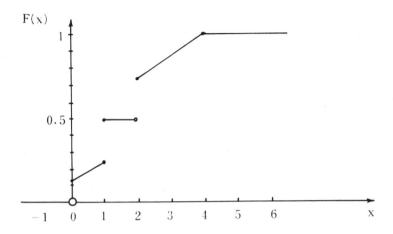

(b)(1) $P(X=2)=0$

(2) $P(X=3)=0$

(3) $P(X>0)=1$

(4) $P(X>2)=F(\infty)-F(2)=1-\dfrac{3}{4}=\dfrac{1}{4}$

(5) $P(1<X<3)=F(3)-F(1)=\dfrac{3}{8}+\dfrac{1}{2}-\dfrac{1}{2}=\dfrac{3}{8}$

(6) $P(X>2 \mid X>0)=\dfrac{\dfrac{1}{4}}{1}=\dfrac{1}{4}$

(7) $P(X<3 \mid X>1)=\dfrac{P(1<X<3)}{P(X>1)}=\dfrac{\dfrac{3}{8}}{1-\dfrac{1}{2}}=\dfrac{\dfrac{3}{8}}{\dfrac{1}{2}}=\dfrac{3}{4}$

4-30 對於某一危險性高的行業，在全國各地，經長期數據的蒐集顯示，

以長期平均數值來說，在該行業中，每月有一致命意外的發生。設 X 表在一個月中致命事件發生的次數，其累計分布函數如下表所示：

x	F(x)
0	0.36788
1	0.73576
2	0.91970
3	0.98101
4	0.99634
5	0.99941
6	0.99992
7	0.99999
8	1.00000

試回答下列問題：

(a)在一個月中，致命事件不多於 3 件的機率；

(b)在一個月中，致命事件至多發生 2 件的機率；

(c)在一個月中，致命事件發生少於 4 件的機率；

(d)在一個月中，致命事件發生多於 4 件的機率；

(e)在一個月中，致命事件發生不少於 2 件的機率；

(f)在一個月中，致命事件發生至少 4 件的機率；

(g)在一個月中，致命事件發生恰為 2 件的機率；

(h)在一個月中，致命事件發生在 3 至 5 件之間的機率。

4-30 (a) 0.98101

(b) 0.73576

(c) 0.98101

(d) 0.00366

(e) 0.26424

(f) 0.01898

(g) 0.18394

(h) 0.07971

4-31 已知隨機變數 $\overline{X}$ 和 $\overline{Y}$ 的聯合機率分布如下表所示：

X＼Y	0	1	2	3	g(x)
0	0				
1		0	0		0.1
2	0.15		0.1	0	
h(y)			0.3	0.2	

其中 g(x) 和 h(y) 分別為邊際分布，且已知

$$p(y=0 \mid x=2) = \frac{1}{3}$$

$$p(x=1 , y=0) = p(x=1 , y=3)$$

(a)完成本表。

(b)試求下列各機率：

   (1) $P(X=0 , 1 \leq Y < 3)$　　　(2) $P(X+Y \leq 2)$

   (3) $P(X < Y)$

4-31 (a)

x＼y	0	1	2	3	g(y)
0	0	0.1	0.2	0.15	0.45
1	0.05	0	0	0.05	0.1
2	0.15	0.2	0.1	0	0.45
h(x)	0.2	0.3	0.3	0.2	1

$$P（y=0\mid x=2）=\frac{1}{3}$$

$$P（x=1，y=0）=P（x=1，y=3）=0.05$$

(b)

(1)$P（x=0，1\leq Y\leq3）=\dfrac{0.45}{0.08}=0.5625$

(2)$P（X+Y\leq2）=0+0.1+0.2+0.05+0+0.15$

$$=0.5$$

(3)$P（X<Y）=0.1+0.2+0.15+0.05=0.5$

4-32 已知二隨機變數X和Y的聯合分布如下表：

Y \ X	0	1	2
1	0	0.2	0.4
2	0.4	0	0

試計算以下各機率：

(a)$P（Y=1）$；

(b)$P（Y\leq1）$；

(c)$P（X+Y=2）$。

4-32 (a)$P（Y=1）=0.6=0.2+0.4$

(b)$P（Y\leq1）=0.2+0.4=0.6$

(c)$P（X+Y=2）=0.2+0.4=0.6$

4-33 應用上題所給的X和Y的聯合分布，試做以下各題：

(a)表列X的邊際分布；

(b)應用(a)的結果，計算機率$P（Y\leq1）$；

(c)試比較(1)的結果和上題(2)的結果，二者是否相同？（這一題說明
了一項事實，即有關X的機率可以應用X和Y的聯合分布計算，
也可以應用X的邊際分布計算，結果應該相同。對於Y也有同樣

的結果。）

4-33 (a)

X	0	1	2
P(X)	0.4	0.2	0.4

(b) $P(Y \leq 1) = P(X=1) + P(X=2)$

$$= 0.2 + 0.4 = 0.6$$

(c) 相同。

4-34 已知 X，Y 的聯合機率分布如下所示，試求相關係數 $\rho(X, Y)$

X \ Y	0	1
0	$\frac{1}{3}$	$\frac{1}{3}$
1	0	$\frac{1}{3}$

4-34

x \ y	0	1	P(x)
0	$\frac{1}{3}$	$\frac{1}{3}$	$\frac{2}{3}$
1	0	$\frac{1}{3}$	$\frac{1}{3}$
P(y)	$\frac{1}{3}$	$\frac{2}{3}$	1

$$E(X) = 0 \times \frac{2}{3} + 1 \times \frac{1}{3} = \frac{1}{3}$$

$$E(Y) = 0 \times \frac{1}{3} + 1 \times \frac{2}{3} = \frac{2}{3}$$

$$E(XY) = 0 \cdot 0 \cdot \frac{1}{3} + 0 \cdot 1 \cdot \frac{1}{3} + 1 \cdot 0 \cdot 0 + 1 \cdot 1 \cdot \frac{1}{3}$$

$$= \frac{1}{3}$$

$$Cov(X,Y) = E(xy) \cdot E(x)E(y)$$

$$= \frac{1}{3} - \frac{1}{3} \times \frac{2}{3} = \frac{1}{9}$$

$$V(X) = E(X^2) - [E(X)]^2 = \frac{1}{3} - (\frac{1}{3})^2 = \frac{2}{9}$$

$$V(Y) = E(Y^2) - [E(Y)]^2 = \frac{2}{3} - \frac{4}{9} = \frac{2}{9}$$

$$\therefore \quad \rho(X,Y) = \frac{Cov(X,Y)}{\sqrt{V(X)V(Y)}} = \frac{\frac{1}{9}}{\sqrt{\frac{2}{9} \cdot \frac{2}{9}}} = \frac{\frac{1}{9}}{\frac{2}{9}} = \frac{1}{2}$$

4-35 建設大廈分成規劃和施工兩階段，已知規劃 X 和施工 Y 所需時間
（以年為單位）為二獨立隨機變數其機率函數分別為

$$f(x) = \begin{cases} (0.8)(0.2)^{x-1} & x = 1, 2, 3, \cdots \\ 0 & 其他 \end{cases}$$

$$g(y) = \begin{cases} (0.5)(0.5)^{y-2} & y = 2, 3, \cdots \\ 0 & 其他 \end{cases}$$

大廈完工時間 $T = X + Y$，若 $T > 4$ 時，則承包商要受罰，試求其
不受罰的機率。

4-35

y \ x	1	2	3	P(y)
2	0.4	0.08	0.016	0.5
3	0.2	0.04	0.008	0.25
P(x)	0.8	0.16	0.032	

$$T = x + y \leq 4$$

$$P(T) = P(x=1, y=2) + P(x=1, y=3) + P(x=2, y=2)$$

$$= 0.4 + 0.2 + 0.08 = 0.68$$

4-36 設 X 和 Y 的聯合機率密度函數如下：

$$f(x, y) = \frac{3x+1}{k}, \quad x = 0, 1; \quad y = 1, 2$$

試找出：

(a)常數 k 的大小；

(b)X 的邊際機率密度函數 $f_1(x)$；

(c) Y 的邊際機率密度函數 $f_2(y)$；

(d) $\Pr(X < Y)$；

(e) $\Pr(Y = 2X)$。

4-36 (a)

y \ x	1	2	P(x)
0	$\dfrac{1}{k}$	$\dfrac{4}{k}$	$\dfrac{5}{k}$
1	$\dfrac{1}{k}$	$\dfrac{4}{k}$	$\dfrac{5}{k}$
P(y)	$\dfrac{2}{k}$	$\dfrac{8}{k}$	$\dfrac{10}{k}$

$$\frac{10}{k} = 1 \quad \therefore \quad k = 10$$

(b) $f_1(x) = f(x, 1) + f(x, 2)$

$$= \frac{3x+1}{k} + \frac{3x+1}{k} = \frac{2(3x+1)}{k} \quad x = 0, 1$$

$$= \frac{1}{5}(3x+1) \quad x = 0, 1$$

(c) $f_2(y) = f(0, y) + f(0, y)$

— 78 —

$$= \frac{1}{k} + \frac{4}{k} = \frac{5}{k} = \frac{1}{2} \qquad y = 1 \;,\; 2$$

(d) $P(x < y) = \frac{1}{10} + \frac{4}{10} + \frac{4}{10} = \frac{9}{10} = 0.9$

(e) $P(y = 2x) = \frac{4}{10} = 0.4$

第五章　常用的機率模式

5-1　設從事重複隨機試驗 n 次，其成功機率 $\frac{1}{4}$，若以 X 表成功的次數，試求在 $P(X \geq 1) \geq 0.7$ 的情況下應試驗多少次？

5-1　$P(x \geq 1) \geq 0.7$

∴　$P(x = 0) < 1 - 0.7 = 0.3$

$$\binom{n}{n} \left(\frac{3}{4}\right)^n \left(\frac{1}{4}\right)^0 < 0.3$$

$$\left(\frac{3}{4}\right)^n < 0.3$$

∴　$n \geq 5$　即應試驗至少 5 次。

5-2　某批商品中平均有 1％ 的不良品，這些商品分裝於若干個箱內，若希望每箱至少有 100 個良品的機率在 95％ 以上，試問至少每箱需裝多少商品？

5-2　$p = \binom{x}{x-100} \left(\frac{1}{100}\right)^{x-100} \left(\frac{99}{100}\right)^{100} < 0.05$

$p = \binom{x}{x-100} \left(\frac{1}{100}\right)^{x-100} < 0.1366$

$x = 100 \qquad p = 1 \times 1 = 1 > 0.1366$

$x = 101 \qquad p = 1.01 > 0.1366$

$x = 102 \qquad p = 0.5151 > 0.1366$

$x = 103 \qquad p = 0.1768 > 0.1366$

$x = 104 \qquad p = 0.04598 < 0.1366$

所以每箱應裝 104 個商品。

5-3 有 10 人在春江餐廳聚餐，餐後有兩種甜點可供選擇，一為布丁，一為冰淇淋。假定每人只可取一種甜點，且對這兩種甜點的選擇，人數也似無差異。今餐廳的布丁稍有不足，若餐廳主人至多願冒 0.05 的風險，試問布丁應準備多少份（冰淇淋除外）？

5-3
$$\binom{10}{x} \left(\frac{1}{2}\right)^x \left(\frac{1}{2}\right)^{10-x} \le 0.05$$

$$\binom{10}{x} \le 51.2$$

$$\therefore \quad x = 2$$

即應準備兩份布丁。

5-4 設有 5 人進行擲一公正硬幣的遊戲，若其中一人所擲出的出象與他人都不一樣，則他便是大頭，應負責請客，試求第 4 次出現大頭的機率？

5-4
$$1 - \binom{5}{1} \left(\frac{1}{2}\right)^4 \left(\frac{1}{2}\right)^1 \times 2 = 1 - \frac{10}{32} = \frac{22}{32} = \frac{11}{16}$$

$$\frac{11}{16} \times \frac{11}{16} \times \frac{11}{16} \times \frac{16-11}{16} = \frac{11^3 \times 5}{16^4} = 0.102$$

第 4 次出現大頭的機率為 0.102。

5-5 醫生為某病人診斷，得知其患有 A，B，C 三種疾病之一，患 A，B，C 三種疾病的機率分別為 $\frac{1}{2}$，$\frac{1}{6}$，$\frac{1}{3}$。今為明確診斷病情起見，特以某種方法重新檢驗，這種檢驗對 A 病症呈正反應的機率為 0.1，對於 B 病症則為 0.2，對 C 病症則為 0.9，設某人作 5 次檢驗有 4 次呈正反應，試就此檢查結果分別求出他患 A，B，C 病症

的機率各為若干？

5-5　A之機率　$\binom{5}{4}(0.1)^4(0.9)=0.00045$

B之機率　$\binom{5}{4}(0.2)^4(0.8)=0.0064$

C之機率　$\binom{5}{4}(0.9)^4(0.1)=0.3281$

5-6　三個人擲不偏硬幣為戲，若某人硬幣出現面與其他二人不相同，則此人須請客吃消夜，若三人硬幣均出現相同之面，再投之，試求須投次數少於 4 次的機率？

5-6　重擲之機率

$$1-2\binom{3}{1}\times(\frac{1}{2})^1(\frac{1}{2})^{3-1}=\frac{1}{4}$$

所以少於 4 次之機率

$$1-\frac{1}{4}\times\frac{1}{4}\times\frac{1}{4}=1-\frac{1}{64}=\frac{63}{64}$$

5-7　白雪冰淇淋公司產製草莓雪糕，每支 5 元，宣傳期間特舉辦大贈送，凡是冰棒棍上刻有星號者免費贈送一支。生產單位為配合宣傳，決定於每第 50 支雪糕棍上刻上星號，試問消費者平均將花費多少，始能獲得一支星號。

5-7　$50\times5=250$

即平均將花 250 元，才能獲得一支星號。

5-8　已知 15 家申報所得的公司中有 9 家短報所得。今有一位稅務員自該 15 家公司中隨機選出了 5 家進行審查，試計算他恰好發現有 2 家公司短報所得的機率。

5-8　$$\frac{\binom{5}{2}\binom{15-5}{9-2}}{\binom{15}{5}}=0.3996$$

即恰好發現有 2 家公司短報所得的機率。

5-9 假定某經銷商有 80 個防盜器，其中有 5 ％是不良品。如果該經銷商隨機出售了 3 個防盜器給顧客，試找出該顧客恰好買到一個不良品的機率：

(a)應用超幾何分布解題；

(b)應用二項分布計算(a)的近似值。

5-9 (a)

$$\frac{\binom{80-4}{3-1}\binom{4}{1}}{\binom{80}{3}} = \frac{\binom{76}{2}\binom{4}{1}}{\binom{80}{3}} = 0.1388$$

(b)

$$\binom{3}{1}(0.95)^2 \times (0.05)^1 = 0.1354$$

5-10 設一公尺長的銅絲中恰好有一個瑕疵的機率大約爲 0.001 ，有兩個或兩個以上瑕疵的機率，就實用目的言，可令其爲 0。試計算 3,000 公尺長的銅絲中，恰好有 5 個瑕疵的機率。

5-10 $\lambda = np = 3000 \times 0.001 = 3$

$$P(x=5) = \frac{e^{-3}\,3^5}{5!} = 0.1008$$

5-11 一個盒子裏有 100 顆珠子，其中 4 顆爲紅色。設 X 表示取出的 10 顆珠子中紅珠子的個數，

(a)計算 X ＝ 2 的機率；

(b)應用二項分布計算該機率的近似值；

(c)應用波瓦松分布計算該機率的近似值。

5-11 (a)

$$P(x=2) = \frac{\binom{4}{2}\binom{100-4}{10-2}}{\binom{100}{10}} = 0.0919$$

(b) $P = \begin{pmatrix} 10 \\ 2 \end{pmatrix} \times (\frac{4}{100})^2 (\frac{96}{100})^8 = 0.0519$

(c) $\lambda = 10 \times \frac{4}{100} = 0.4$

$$P(x=2) = \frac{e^{-0.4} \ 0.4^2}{2!} = 0.0536$$

5-12 如果 X 有一個波瓦松分布，使得 $3P(X=1) = P(X=2)$，試
找出 $P(X=4)$。

5-12 $3P(x=1) = P(x=2)$

$$3\frac{e^{-x} \lambda^1}{1!} = \frac{e^{-\lambda} \lambda^2}{2!}$$

$\therefore \quad \lambda = 6$

$\therefore \quad P(x=4) = \frac{e^{-\lambda} \lambda^4}{4!} = \frac{e^{-6} \ 6^4}{4!} = 0.1339$

5-13 已知某種布料上平均每 150 平方公尺含有一個瑕疵，如果我們假定
其近似波瓦松分布，試找出在 225 平方公尺的布料上最多只有一個
瑕疵的機率。

5-13 $\lambda = 225 \times \frac{1}{150} = 1.5$

$$P(x=1) = \frac{e^{-1.5} \cdot 1.5^1}{1!} = 0.3347$$

5-14 如果在一個非常熱的日子裏舉行遊行，根據經驗，得知一位參加遊
行的人中暑暈倒的機率為 0.001。試問 3,000 名參加遊行的人當中，
有 8 人中暑暈倒的機率為若干？（用波瓦松分布解題）

5-14 $\lambda = 3000 \times 0.001 = 3$

$$P(x=8) = \frac{e^{-3} \ 3^8}{8!} = 0.0081$$

5-15 已知交大圖書館的藏書中有 2% 裝訂不良。今隨機取出 400 本書，

試應用波瓦松近似值，計算以下兩題的機率：

(a)恰好有 10 本裝訂不良；

(b)至少有 10 本裝訂不良。

5-15 (a)

$$\lambda = 400 \times 0.02 = 8$$

$$P(x=10) = \frac{e^{-8} \, 8^{10}}{10!} = 0.0993$$

(b)

$$1 - \left(\frac{e^{-8} \, 8^1}{1!} + \frac{e^{-8} \, 8^2}{2!} + \frac{e^{-8} \, 8^3}{3!} + \cdots\cdots + \frac{e^{-8} \, 8^9}{9!} \right)$$

$$\doteq 1 - e^{-8} \left(8 + \frac{8^2}{2!} + \frac{8^3}{3!} + \cdots\cdots + \frac{8^9}{9!} \right)$$

$$= 1 - 0.7163$$

$$= 0.2837$$

5-16 在一項製程中，已知一個良好品的機率近似二項分布，p = 0.90。
試做以下各題：

(a)計算 10 個產品中恰好有 9 個是良好品的機率；

(b)應用波瓦松分布計算(a)的近似值；

(c)做(a)和(b)，但假定我們想決定 8 個或更多成功的機率。

5-16 (a)
$$\binom{10}{9}(0.9)^9(0.1)^1 = 10 \cdot 0.9^9 \times 0.1 = 0.3874$$

(b)不良品機率　$1 - 0.9 = 0.1$

恰有一個不良品

$$\lambda = np = 10 \times 0.1 = 1$$

$$P(x=1) = \frac{e^{-1} \, 1^1}{1!} = \frac{1}{e} = 0.3679$$

(c) a. $\binom{10}{8}(0.9)^8(0.1)^2 + \binom{10}{9}(0.9)^9(0.1)$

$$+ \binom{10}{10} (0.9)^{10} (0.1)^0 = 0.9298$$

b. $P(x=0) + P(x=1) + P(x=2)$

$$= \frac{e^{-1} 1^0}{0!} + \frac{e^{-1} 1^1}{1!} + \frac{e^{-1} 1^2}{2!} = 0.9197$$

5-17 試證明若 X 爲二項分布則其變異數 $Var(X) = np(1-p)$。

5-17 x 爲二項分布

$x = \Sigma x_i$

∵ x_i 爲獨立隨機變數

∴ $E(x) = \sum_{i=1}^{n} E(x_i)$

$$Var(x) = \sum_{i=1}^{n} Var(x_i)$$

∴ $Var(x) = \sum_{i=1}^{n} p(1-p) = np(1-p)$

5-18 某人每天到工廠上班，他發現由家到工廠所需時間爲 $\mu = 35.5$ 分，$\sigma = 3.11$ 分，若他每天在 8:20 離開家，而必須在 9:00 到達工廠，設一年上班 240 天，試問平均他一年會遲到多少次？

5-18 $z = \dfrac{40 - 35.5}{3.11} = 1.45$

查表得

$P[Z > 1.45] = 1 - 0.9265 = 0.0735$

∴ $240 \times 0.0735 = 17.64$

即遲到 17 ~ 18 次

5-19 某次園遊會發行彩券 1000 張，特獎一張，可得 1000 元，頭獎二張各可得 500 元，二獎 5 張各可得 100 元以及三獎 50 張各可得 5 元，其餘均無獎。

(a)今若 1000 張都購買時，平均每張的價值爲若干？

(b)若賣者每張欲賺 2.25 元，則應以每張多少元售出？

5-19 (a) $1000 \times 1 + 500 \times 2 + 100 \times 5 + 5 \times 50 = 2750$

$$\frac{2750}{1000} = 2.75 \ （元）$$

(b) $2.75 + 2.25 = 5 \ （元）$

5-20 設 X 和 Y 均為二項分布，其中 X 為 B（n，p）而 Y 為 B（n，1 − p），試證明 P（X ≥ r）＝ P（Y ≤ n − r），r ＝ 0，1，2，……，n

5-20
$$P（x \geq r）= \binom{n}{r} p^r（1-p）^{n-r} + \binom{n}{r+1} p^{r+1}（1-p）^{n-(r+1)}$$

$$+ \cdots + \binom{n}{n-1} p^{n-1}（1-p）+ \binom{n}{n} p^n$$

$$= \binom{n}{n-r} p^r（1-p）^{n-r} + \binom{n}{n-(r+1)} p^{r+1}$$

$$（1-p）^{n-(r+1)} + \cdots + \binom{n}{1} p^{n-1}（1-p）$$

$$+ \binom{n}{0} p^n$$

$$P（y \leq n-r）= \binom{n}{0}（1-p）^0 p^n + \binom{n}{1}（1-p）p^{n-1} +$$

$$\cdots + \binom{n}{n-r}（1-p）^{n-r} p^r$$

$$\therefore \quad P（x \geq r）= P（y \leq n-r）$$

5-21 如果樣本中有 1 個不良品的機率是 0.08，試用波氏分布作為二項分布的近似式，計算樣本大小為 20 的樣本中，含有 2 個以下不良品的機率是多少？

5-21 $\lambda = n p = 20 \times 0.08 = 1.6$

$$P(x=2) = \frac{e^{-1.6} \, 1.6^2}{2!} = 0.2584$$

用最容易而適當的分布（波氏、二項、超幾何）計算習題 5-22 至 5-25。採用數量化的準則，說明使用該分布的理由。

5-22 從一批 100 臺的洗衣機中，抽取 10 臺作爲樣本。如果 $p_0 = 0.08$，試求樣本中含有 1 臺不良品的機率是多少？

5-22 $n = 10$ ∴   超幾何

$$P = \frac{\binom{100-8}{10-1}\binom{8}{1}}{\binom{100}{10}} = \frac{\binom{92}{9}\binom{8}{1}}{\binom{100}{10}} = 0.4015$$

5-23 一批 15 件，其中 3 件是不良品。試問樣本量爲 3 的樣本中，含有 1 件不良品的機率是多少？

5-23 $n = 15$ ∴   超幾何

$$P = \frac{\binom{3}{1}\binom{15-3}{3-1}}{\binom{15}{3}} = 0.4352$$

5-24 從一盤 30 個藥瓶中抽取 3 瓶作爲樣本。如果盤中的不良率是 10％，試求樣本中含有 1 個不良品的機率是多少？

5-24 $\dfrac{n}{N} = \dfrac{3}{30} = 0.1$ ∴   二項估計

$$P = \binom{3}{1}(0.1)^1(0.9)^2 = 0.243$$

5-25 某廠製造的電燈泡，它的不良率是 0.09。如果抽取 67 個作爲樣本，試求樣本中含有 3 個不良品的機率是多少？

5-25 無限群體，波氏分布

$n = 67$

$$n P = 67 \times 0.09 = 6.03$$

$$\therefore \quad P\,(\,x = 3\,) = \frac{e^{-6.03}\,6.03^3}{3\,!} = 0.0879$$

5-26 如果將一枚均衡的硬幣獨立擲(a) n = 15 次，(b) n = 30 次，和(c) n = 100 次，試問正面出現的比例低於 40 ％的機率各若干？用常態近似值解題。

5-26 (a) n = 15

$$15 \times 40\% = 6$$

$$\mu = n\,p = 15 \times \frac{1}{2} = 7.5$$

$$\sigma^2 = n\,p\,(\,1 - p\,) = 15 \times \frac{1}{2} \times \frac{1}{2} = \frac{15}{4}$$

$$\sigma = \sqrt{\frac{15}{4}} = 1.94$$

$$z = \frac{6 - 7.5}{1.94} = -\,0.77$$

$$P\,(\,Z \leq -\,0.77\,) = 1 - 0.7794 = 0.2206$$

(b) n = 30

$$30 \times 40\% = 12$$

$$\mu = 30 \times \frac{1}{2} = 15$$

$$\sigma^2 = 30 \times \frac{1}{2} \times \frac{1}{2} = \frac{30}{4}$$

$$\sigma = \sqrt{\frac{30}{4}} = 2.74$$

$$z = \frac{12 - 15}{2.74} = -\,1.09$$

$$P\,(\,Z \leq -\,1.09\,) = 1 - 0.8621 = 0.1379$$

(c) n = 100

$$100 \times 40\% = 40$$

$$\mu = np = 100 \times \frac{1}{2} = 50$$

$$\sigma^2 = np(1-p) = 100 \times \frac{1}{2} \times \frac{1}{2} = 25$$

$$\sigma = 5$$

$$z = \frac{40-50}{5} = -2$$

$$\therefore \quad P(Z \le -2) = 1 - 0.9772 = 0.0228$$

5-27 一律師來往於市郊住處至市區事務所，平均單程需時24分鐘，標準差為3.8分，假設行走時間的分布為常態。

(a)求單程至少需費時半小時的機率？

(b)若辦公時間為上午九時正，而他每日上午八時四十五分離家，求遲到的機率？

(c)若他在上午八時三十五分離家，而事務所於上午八時五十分至九時提供咖啡，求來不及趕上喝咖啡的機率？

5-27 (a) $z = \dfrac{30-24}{3.8} = 1.58$

$\quad\quad P(Z \le 1.58) = 0.9429$

$\quad\quad \therefore \quad p = 1 - 0.9429 = 0.0571$

(b) $z = \dfrac{15-24}{3.8} = -2.37$

$\quad\quad P(Z \le -2.37) = 1 - 0.9911 = 0.0089$

$\quad\quad \therefore \quad p = 1 - 0.0089 = 0.9911$

(c) $z = \dfrac{25-24}{3.8} = 0.26$

$\quad\quad P(Z \le 0.26) = 0.6026$

$\quad\quad \therefore \quad p = 1 - 0.6026 = 0.3974$

5-28 假定光陽牌電動攪拌器的使用壽命是常態分布 $N(2200, 120^2)$，

以小時為單位，試問某臺攪拌器使用壽命在 1900 小時以下的機率？

5-28
$$z = \frac{1900 - 2200}{120} = -2.5$$

$$P(Z \le -2.5) = 1 - 0.9938 = 0.0062$$

5-29 某汽車公司所生產的新車剎車器有缺點的機率約為 0.002，試求在 1000 輛新車中有二輛以上的剎車器有缺點的機率。

5-29 $\lambda = np = 1000 \times 0.002 = 2$

$$\therefore \quad p(x=2) = \frac{e^{-2} \, 2^2}{2!} = \frac{2}{e^2} = 0.2707$$

5-30 某校應屆畢業考試呈 $\mu = 500$ 分，$\sigma = 100$ 分的常態分布。今有 674 人參加考試，若希望有 550 人及格，則最低及格成績應為幾分？

5-30 $\mu = 500 \qquad \sigma = 100$

不及格者比例 $\quad \dfrac{674 - 550}{674} = 0.1840$

$$Z(0.1840) = -Z(1 - 0.1840) = -0.9$$

$$\therefore \quad \frac{x - \mu}{\sigma} = -0.9 = \frac{x - 500}{100}$$

$$\therefore \quad x = 410$$

即最低及格成績。

5-31 已知 X 為二項分布 B(3, p)，Y 為一 B(2, p)，若 $P(X \ge 1) = \dfrac{26}{27}$，試求 $P(Y \le 1)$ 之值。

5-31 $\quad P(x=0) = 1 - \dfrac{26}{27} = \dfrac{1}{27} = \begin{pmatrix} 3 \\ 0 \end{pmatrix} (1-p)^3 \, p^0$

$$\therefore \quad \frac{1}{27} = (1-p)^3$$

$$\therefore \quad p = \frac{2}{3}$$

$$\therefore \quad P(Y \le 1) = 1 - P(Y = 2)$$

$$= 1 - (\frac{2}{3})^2 = \frac{5}{9}$$

5-32 設 X 為滿足 $P(\overline{X}=0) = P(\overline{X}=1)$ 的卜氏分布，試求 $P(X=2)$ 之值。

5-32 $P(x=0) = P(x=1)$

$$\therefore \quad \frac{e^{-\lambda} \lambda^0}{0!} = \frac{e^{-\lambda} \lambda^1}{1!}$$

$$\therefore \quad \lambda = 1$$

$$\therefore \quad P(x=2) = \frac{e^{-1} 1^2}{2!} = \frac{1}{2e} = 0.1839$$

5-33 設二獨立隨機變數 X 和 Y 分別為二項分布 $B(3, \frac{2}{3})$ 和 $B(4, \frac{1}{2})$，

試求 $P(X=Y)$ 。

5-33 $P(x=Y) = p(0=0) + p(1=1) + p(2=2) + p(3=3)$

$$= \binom{3}{0} (\frac{2}{3})^0 (\frac{1}{3})^3 \times \binom{4}{0} (\frac{1}{2})^0 (\frac{1}{2})^4 + \binom{3}{1} (\frac{2}{3})^1$$

$$(\frac{1}{3})^2 \times \binom{4}{1} (\frac{1}{2})^1 (\frac{1}{2})^3 + \binom{3}{2} (\frac{2}{3})^2 (\frac{1}{3})^1 \binom{4}{2}$$

$$(\frac{1}{2})^2 (\frac{1}{2})^2 + \binom{3}{3} (\frac{2}{3})^3 (\frac{1}{3})^0 \binom{4}{3} (\frac{1}{2})^3 (\frac{1}{2})^1$$

$$= \frac{1}{27} \times \frac{1}{16} + \frac{6}{27} \times \frac{4}{16} + \frac{12}{27} \times \frac{6}{16} + \frac{8}{27} \times \frac{4}{16}$$

$$= 0.2986$$

5-34 某製程為波氏分布，設 $\overline{X}$ 表不良品個數(a)若已知 $P(X \le 3) = 2.896$ 試問 $n = 10$ 個樣本中的不良率為若干?(b)若已知 $P(X \ge 3) = 0.336$，如果不良率 $p = 0.10$，則樣本量 n 為若干?(c)已知 $p(\overline{X}=0) = 0.91$，不良率 $p = 0.01$，則樣本量 n 為若干?

5-34 (a) P（x≤3）= 0.896　　　 n = 10

P（x=0）+P（x=1）+P（x=2）+P（x=3）= 0.896

查表

$\lambda = 1.5$　　　 P（x≤3）= 0.9343

$\lambda = 2$　　　　 P（x≤3）= 0.8571

以內插法求出

$\lambda = 1.75$

$\lambda = np = 10 \times p = 1.75$　　 $\therefore$　 p = 0.175 ——不良率

(b) P（x≥3）= 0.336

$\therefore$　 P（x<3）= 0.664

$\therefore$　 P（x=0）+P（x=1）+P（x=2）= 0.664

查表

$\lambda = 2$　　　　 P（x<3）= 0.6767

$\lambda = 2.5$　　　 P（x<3）= 0.5438

同理

$\lambda = 2.05$

$\lambda = np = 0.1n = 2.05$

$\therefore$　 n = 20.5 ≒ 21

(c)
P（x=0）= 0.91 = $\dfrac{e^{-\lambda} \lambda^0}{0!}$ = $e^{-\lambda}$ = 0.91

$\therefore$　 $-\lambda = \ln 0.91$

$\therefore$　 $\lambda = 0.09$

$\lambda = np = 0.09 = n \times 0.01$　　 $\therefore$　 n = 9

5-35 某製程為波氏分布，正常運轉時有 3％為廢品，試問在 n = 50 個
樣本中，多於 4 個廢品的機率為若干？少於 4 個廢品的機率為若
干？僅有 4 個廢品的機率為若干？4 個或以下廢品的機率？4 個或
以上廢品的機率？在 1000 個 n = 50 的樣本中，有多少個含多於 3
個不良品？

5-35　$\lambda = np = 50 \times 0.03 = 1.5$

$$P(k=0) = \frac{e^{-1.5} \, 1.5^0}{0!} = 0.2231$$

$$P(k=1) = \frac{e^{-1.5} \, 1.5^1}{1!} = 0.3347$$

$$P(k=2) = \frac{e^{-1.5} \, 1.5^2}{2!} = 0.2510$$

$$P(k=3) = \frac{e^{-1.5} \, 1.5^3}{3!} = 0.1255$$

$$P(k=4) = \frac{e^{-1.5} \, 1.5^4}{4!} = 0.0471$$

多於 4 個機率 $= 1 - (0.2231 + 0.3347 + 0.2510 + 0.1255$
$+ 0.0471)$
$= 0.0186$

少於 4 個機率 $= 0.2231 + 0.3347 + 0.2510 + 0.1255$
$= 0.9343$

4 個或以下機率 $= p(k=0) + p(k=1) + p(k=2)$
$+ p(k=3) + p(k=4)$
$= 0.9814$

4 個或以上機率 $= 1 - 0.9343 = 0.0657$

含多於 3 個機率　0.0657

因為獨立，所以有　$1000 \times 0.0657 = 65.7$

即約有 65 至 66 個含有多於 3 個不良品的樣本。

5-36　設隨機變數 Z 為標準常態分布 N(0,1)，試分別計算以下各題的機率：

(a) $P(Z < 0.42)$　　　　　　(b) $P(Z < -0.42)$

(c) $P(Z > 1.69)$　　　　　　(d) $P(Z > -1.69)$

(e) $P(-1.2 \leq Z \leq 2.1)$　　　　(f) $P(0.05 < Z < 0.80)$

(g) $P(-1.62 \leq Z < -0.51)$ (h) $P(|Z| < 1.64)$

5-36 (a) $P(Z < 0.42) = 0.6628$

(b) $P(Z < -0.42) = 1 - 0.6628 = 0.3372$

(c) $P(Z > 1.69) = 1 - 0.9545 = 0.0455$

(d) $P(Z > -1.69) = 1 - 0.0455 = 0.9545$

(e) $P(-1.2 \leq Z \leq 2.1) = 0.9821 - [1 - 0.8849]$
$$= 0.8670$$

(f) $P(0.05 < Z < 0.80) = 0.7881 - 0.5199 = 0.2682$

(g) $P(-1.62 \leq Z \leq -0.51)$

$= (1 - 0.6950) - (1 - 0.9474)$

$= 0.2524$

(h) $P(|Z| < 1.64) = 0.9495 - (1 - 0.9495) = 0.8990$

5-37 已知Z爲N(0,1)，試找出常數 k 的大小，使得：

(a) $P(Z < k) = 0.975$ (b) $P(Z < k) = 0.305$

(c) $P(Z > k) = 0.025$ (d) $P(Z > k) = 0.877$

5-37 (a) $P(Z < k) = 0.975$

$\therefore$ $k = 1.96$

(b) $P(Z < k) = 0.305 = 1 - 0.695$

$\therefore$ $k = -0.51$

(c) $P(Z > k) = 0.025 = 1 - 0.975$

$\therefore$ $k = 1.96$

(d) $P(Z > k) = 0.877$

$\therefore$ $k = -1.16$

5-38 假定一項測驗的成績近似常態分布，其平均數爲 $\mu = 70$ ，且變異

數爲 $\sigma^2 = 64$ 。假定一位教授想按照下述的方式評定等級：

分　　　　　　　　　數	等　　級
低於 $70 - 1.5\sigma$	F
$70 - 1.5\sigma$ 到 $70 - 0.5\sigma$	D
$70 - 0.5\sigma$ 到 $70 + 0.5\sigma$	C
$70 + 0.5\sigma$ 到 $70 + 1.5\sigma$	B
$70 + 1.5\sigma$ 以上	A

試找出獲得各等級的學生所佔的比例。（實際運用上，我們常用全班學生成績的樣本平均數 $\bar{x}$ 和樣本標準差 s 代換 μ 和 σ 。）

5-38

F：$0.0668 \times 100\% = 6.68\%$

D：$(0.3085 - 0.0668) \times 100\% = 24.17\%$

C：$(0.6915 - 0.3085) \times 100\% = 38.30\%$

B：$(0.9332 - 0.6915) \times 100\% = 24.17\%$

A：$(1 - 0.9332) \times 100\% = 6.68\%$

5-39 某飛行駕駛學校對於學員的一項智能測驗為要求他在短時間內完成一連串的操作程序（以分鐘為單位）。假設學員們完成所需動作的時間為常態分布 $N(90, (20)^2)$，

(a)若在 80 分內完成測驗方屬及格，試問有多少百分比的學員可以通過測驗？

(b)若僅有動作最快的 5% 學員可獲頒結業證書，試問學員的動作應快到多少分鐘之內才可得到該張證書？

5-39

(a)
$z = \dfrac{80 - 90}{20} = -0.5$

$P(Z \leq -0.5) = 1 - 0.6915 = 0.3085$

$0.3085 \times 100\% = 30.85\%$

即有 30.85％ 的學員通過測驗

(b) $P（Z \le 1.645）＝0.95$

∴　$P（Z \le -1.645）＝0.05$

∴　$z＝\dfrac{x－90}{20}＝-1.645$

∴　$x＝57.1$

即應在 57.1 分鐘內才可得到證書。

第Ⅲ單元 估計與檢定

第六章 抽樣分布──統計推論的基石

6-1 假定一個羣體中有 2 , 5 , 和 8 等三個值,其中每個值發生的機率皆相等,試做以下各題:

(a)為該羣體設立一個機率模型;

(b)計算羣體平均數 μ 和變異數 σ^2 :

(1)依據已知的羣體觀測值計算。

(2)依據(a)的模型計算。其答案是否和(1)的結果相同?

(c)若以歸還法自該羣體中隨機取出一個大小為 n = 2 的隨機樣本 X_1 , X_2 ,試列出 X_1 , X_2 的所有可能的樣本資料;;

(d)計算(c)所列舉的每一組樣本資料的平均數 $\bar{x}$ 和變異數 s^2 ;

(e)將(d)所算出的各個 $\bar{x}$ 加總,計算其平均數,這個平均數是否等於(b)的 μ ?

(f)將(d)所算出的各個 s^2 加總,計算其平均數,這個平均數是否等於(b)的 σ^2 ?

6-1 (a)機率模型

x	2	5	8
$f(x)$	$\dfrac{1}{3}$	$\dfrac{1}{3}$	$\dfrac{1}{3}$

(b)

① $\mu = \dfrac{2 + 5 + 8}{3} = 5$

$\sigma^2 = \dfrac{(5-2)^2 + (5-5)^2 + (8-5)^2}{3} = 6$

② $\sum x f(x) = \dfrac{1}{3} \times 2 + \dfrac{1}{3} \times 5 + \dfrac{1}{3} \times 8 = 5 = \mu$

$\sum x^2 f(x) - (\sum x f(x))^2 = (4 + 25 + 64) \times \dfrac{1}{3} - 25$

$= 6 = \sigma^2$

與①求出之答案相同

(c)

x_2 \ x_1	2	5	8	列和
2	$\dfrac{1}{9}$	$\dfrac{1}{9}$	$\dfrac{1}{9}$	$\dfrac{1}{3}$
5	$\dfrac{1}{9}$	$\dfrac{1}{9}$	$\dfrac{1}{9}$	$\dfrac{1}{3}$
8	$\dfrac{1}{9}$	$\dfrac{1}{9}$	$\dfrac{1}{9}$	$\dfrac{1}{3}$
行 和	$\dfrac{1}{3}$	$\dfrac{1}{3}$	$\dfrac{1}{3}$	1

(d) $x_1 = 2$ 之平均數為 $\dfrac{2 + 5 + 8}{9} = \dfrac{15}{9} = \dfrac{5}{3}$ $\quad s^2 = \dfrac{93}{9} - (\dfrac{15}{9})^2$

$$= \dfrac{612}{81} = \dfrac{68}{9}$$

$x_1 = 5$ 之平均數為 $\dfrac{2 + 5 + 8}{9} = \dfrac{15}{9} = \dfrac{5}{3}$ $\quad s^2 = \dfrac{612}{81} = \dfrac{68}{9}$

$x_1 = 8$ 之平均數為 $\dfrac{2 + 5 + 8}{9} = \dfrac{5}{3}$ $\quad s^2 = \dfrac{68}{9}$

(e) $\dfrac{15}{9} + \dfrac{15}{9} + \dfrac{15}{9} = \dfrac{45}{9} = 5$ 等於(b)的 μ

(f) $\dfrac{68}{9} \times 3 = \dfrac{68}{3}$ 不等於(b)的 σ^2

6-2 做習題 6-1 ，但設有限羣體中含有 3 ， 6 ， 9 和 10 等四個值。

6-2 (a)

x	3	6	9	10
$f(x)$	$\dfrac{1}{4}$	$\dfrac{1}{4}$	$\dfrac{1}{4}$	$\dfrac{1}{4}$

(b)(1)

$$\mu = \dfrac{(3 + 6 + 9 + 10)}{4} = 7$$

$$\sigma^2 = \dfrac{(3-7)^2 + (6-7)^2 + (9-7)^2 + (10-7)^2}{4}$$

$$= \dfrac{30}{4} = 7.5$$

(2)

$$\mu = \dfrac{1}{4} \times 3 + \dfrac{1}{4} \times 6 + \dfrac{1}{4} \times 9 + \dfrac{1}{4} \times 10 = 7$$

$$\sigma^2 = \sum x^2 f(x) - [\sum x\, f(x)]^2 = \dfrac{9}{4} + \dfrac{36}{4} + \dfrac{81}{4} + \dfrac{100}{4}$$

$$- [\dfrac{3}{4} + \dfrac{6}{4} + \dfrac{9}{4} + \dfrac{10}{4}]^2$$

$$= 7.5$$

(1)與(2)求出之答案相同

(c)

x_2 \ x_1	3	6	9	10	f
3	$\dfrac{1}{16}$	$\dfrac{1}{16}$	$\dfrac{1}{16}$	$\dfrac{1}{16}$	$\dfrac{1}{4}$
6	$\dfrac{1}{16}$	$\dfrac{1}{16}$	$\dfrac{1}{16}$	$\dfrac{1}{16}$	$\dfrac{1}{4}$
9	$\dfrac{1}{16}$	$\dfrac{1}{16}$	$\dfrac{1}{16}$	$\dfrac{1}{16}$	$\dfrac{1}{4}$
10	$\dfrac{1}{16}$	$\dfrac{1}{16}$	$\dfrac{1}{16}$	$\dfrac{1}{16}$	$\dfrac{1}{4}$
f	$\dfrac{1}{4}$	$\dfrac{1}{4}$	$\dfrac{1}{4}$	$\dfrac{1}{4}$	1

(d)

$x_1 = 3 \quad \bar{x} = \dfrac{(3+6+9+10)}{16} = 1.75 \quad s^2 = \dfrac{(3^2+6^2+9^2+10^2)}{16}$

$$- (1.75)^2$$

$$= 11.0625$$

$x_2 = 6 \quad \bar{x} = \dfrac{(3+6+9+10)}{16} = 1.75 \quad s^2 = 11.0625$

$x_3 = 9 \quad \bar{x} = 1.75 \qquad\qquad\qquad s^2 = 11.0625$

$x_4 = 10 \quad \bar{x} = 1.75 \qquad\qquad\qquad s^2 = 11.0625$

(e) $\bar{x} = 1.75 \times 4 = 7 = \mu$

(f) $s^2 = 11.0625 \times 4 = 44.25 \neq \sigma^2$

6-3 設隨機變數 X 表示病人經過某種手術後住在加護病房的日數，對於所有動過這種手術的病人，假定 X 的分布如下：

x	1	2	3
f(x)	0.4	0.3	0.3

(a)計算 $\mu = E(X)$ 和 $\sigma^2 = Var(X)$；

(b)對於一個大小為 n = 2 的隨機樣本 X_1，X_2，設住在加護病房日數的樣本平均數為：

$$\overline{X}_2 = \frac{X_1 + X_2}{2}$$

試找出 X_1 和 X_2 的聯合分布，以找出 $\overline{X}_2$ 的分布，並證明 $\overline{X}_2$ 的分布平均數為 μ，且分布變異數為 $\dfrac{\sigma^2}{2}$。

6-3 (a) $\mu = 1 \times 0.4 + 2 \times 0.3 + 3 \times 0.3 = 1.9$

$\sigma^2 = 1^2 \times 0.4 + 2^2 \times 0.3 + 3^2 \times 0.3 - (1.9)^2 = 0.69$

(b)

x_2 \ x_1	1	2	3	$f(x_2)$
1	0.16	0.12	0.12	0.4
2	0.12	0.09	0.09	0.3
3	0.12	0.09	0.09	0.3
$f(x_1)$	0.4	0.3	0.3	1

$P(\overline{x}_2 = 1) = 0.16$

$P(\overline{x}_2 = 1.5) = 0.12 + 0.12 = 0.24$

$P(\overline{x}_2 = 2) = 0.09 + 0.12 + 0.12 = 0.33$

$P(\overline{x}_2 = 2.5) = 0.09 + 0.09 = 0.18$

$P(\overline{x}_2 = 3) = 0.09$

$\overline{x}_2$ 之分布平均數 $= 1 \times 0.16 + 1.5 \times 0.24 + 2 \times 0.33 + 2.5 \times 0.18$
$$+ 3 \times 0.09$$

$$= 1.9 = \mu$$

$$\overline{x}_2 \text{ 之分布變異數} = 1^2 \times 0.16 + 1.5^2 \times 0.24 + 2^2 \times 0.33$$

$$+ (2.5)^2 \times 0.18 + 3^2 \times 0.09 - (1.9)^2$$

$$= 0.345 = \frac{\sigma^2}{2}$$

6-4 應用習題6-3的分布，設 X_1 , X_2 , X_3 , X_4 表示四位病人住在加護病房日數的一個隨機樣本，因此樣本平均數為：

$$\overline{X}_4 = \frac{X_1 + X_2 + X_3 + X_4}{4}$$

試找出 $\overline{X}_4$ 的分布，並證明其分布平均數為 μ ，且分布變異數為 $\frac{\sigma^2}{4}$ 。

【提示】設 $Y_1 = \frac{(X_1 + X_2)}{2}$ ， $Y_2 = \frac{(X_3 + X_4)}{2}$ ，因此我們有：

$$\overline{X}_4 = \frac{Y_1 + Y_2}{2}$$

式中 Y_1 和 Y_2 獨立，且每一個 Y_1 , $i = 1$, 2 ，的分布都和習題 3 所求出的 $\overline{X}_2$ 的分布相同。

6-4 設 $Y_1 = \frac{(x_1 + x_2)}{2}$ $Y_2 = \frac{(x_3 + x_4)}{2}$ ， Y_1 , Y_2 獨立，

$$\therefore \overline{x}_4 = \frac{Y_1 + Y_2}{2}$$

且每個 Yi , $i = 1$, 2 ，的分布都和習題 6-3 所求出的 $\overline{x}_2$ 的分布相同。

Y_1 / Y_2	1	1.5	2	2.5	3	$f(Y_2)$
1	0.0256	0.0384	0.0528	0.0288	0.0144	0.16
1.5	0.0384	0.0576	0.0792	0.0432	0.0216	0.24
2	0.0528	0.0792	0.1089	0.0594	0.0297	0.33
2.5	0.0288	0.0432	0.0594	0.0324	0.0162	0.18
3	0.0144	0.0216	0.0297	0.0162	0.0081	0.09
$f(Y_1)$	0.16	0.24	0.33	0.18	0.09	1

$\bar{x}_4$	1	1.25	1.5	1.75	2	2.25	2.5	2.75	3
$f(\bar{x}_4)$	0.0256	0.0768	0.1632	0.216	0.2241	0.162	0.0918	0.0324	0.0081

$$\mu = 1 \times 0.0256 + 1.25 \times 0.0768 + 1.5 \times 0.1632 + 1.75 \times 0.216$$
$$+ 2 \times 0.2241 + 2.25 \times 0.162 + 2.5 \times 0.0918 + 2.75 \times 0.0324$$
$$+ 3 \times 0.0081$$
$$= 1.9$$
$$s^2 = 1^2 \times 0.0256 + 1.25^2 \times 0.0768 + 1.5^2 \times 0.1632 + 1.75^2 \times 0.216$$
$$+ 2^2 \times 0.2241 + 2.25^2 \times 0.162 + 2.5^2 \times 0.0918$$
$$+ 2.75^2 \times 0.0324 + 3^2 \times 0.0081$$
$$= 0.1725 = \frac{1}{4} \sigma^2$$

6-5 已知 Y 為常態分布 $N(25,64)$，基於一個大小為 16 的隨機樣本，試計算樣本平均數 $\bar{X}$ 落在下列各區間的機率：

(a)小於 27；

(b)大於 30；

(c)在 28 和 29 之間。

6-5　$N(25,64)$　$n = 16$

$$\sigma^2 = 64 \qquad \sigma = 8$$

$$\sigma(\bar{x}) = \frac{\sigma}{\sqrt{n}} = \frac{8}{\sqrt{16}} = 2$$

(a) $z = \dfrac{27 - 25}{2} = 1$ 查表 $P(X \leq 27) = p(Z \leq 1) = 0.8413$

∴小於 27 的機率 0.8413

(b) $z = \dfrac{30 - 25}{2} = 2.5$

查表 ∴ $P(Z \geq 30)$

$= P(Z \geq 2.5) = 1 - 0.9938 = 0.0062$

(c) $z_{29} = \dfrac{29 - 25}{2} = 2$

$z_{28} = \dfrac{28 - 25}{2} = 1.5$

∴在 28 與 29 之間，機率

∴ $P(28 \leq X \leq 29)$

$= P(1.5 \leq Z \leq 2) = 0.9772 - 0.9332 = 0.0440$

6-6 已知某種袋裝食品的重量近似常態分布，其平均數為 25 公克，標準差為 2 公克。試問隨機取出的 n 袋食品中，其平均重量低於 24 公克的機率為若干？分別就下列 n 的大小作答：

(a) n = 1 ；

(b) n = 4 ；

(c) n = 9 ；

(d) n = 16 。

6-6 (a) n = 1 ， $\mu = 25$ ， $\sigma = 2$ $\qquad s = \dfrac{2}{\sqrt{1}} = 2$

$$z = \frac{24 - 25}{2} = -0.5$$

查表

∴ P（X≦24）＝P（Z≦−0.5）＝1−0.6915＝0.3085

(b) n＝4　　μ＝25　　σ＝2　　s＝$\dfrac{2}{\sqrt{4}}$＝1

$z = \dfrac{24-25}{1} = -1$

∴ P（X≦24）

＝P（Z≦−1）＝1−0.8413＝0.1587

(c) n＝9　　μ＝25　　σ＝2　　s＝$\dfrac{2}{\sqrt{9}}＝\dfrac{2}{3}$

$z = \dfrac{24-25}{\dfrac{2}{3}} = -1.5$

∴ P（X≦24）

P（Z≦−1.5）＝1−0.9332＝0.0668

(d)

n＝16　　μ＝25　　σ＝2　　s＝$\dfrac{2}{\sqrt{16}}＝\dfrac{1}{2}$

$z = \dfrac{24-25}{\dfrac{1}{2}} = -2$

∴ P（X≦24）

＝P（Z≦−2）＝1−0.9772＝0.0228

6-7　設 X 爲 N(μ，100)，基於一個大小爲 n 的隨機樣本，設樣本平均數爲 $\overline{X}$，爲了使得 P(μ−5≦$\overline{X}$≦μ+5)＝0.9544，試問 n 的值應爲若干？

6-7　　N（μ，100）　　σ＝10　　s＝$\dfrac{10}{\sqrt{n}}$

1−α＝0.9544

$$\therefore 1 - \frac{\alpha}{2} = 0.9772$$

$$\therefore P (Z \leq k) = 0.9772$$

$$k = 2.0$$

$$\therefore z = 2.0 = \frac{\mu + 5 - \mu}{\dfrac{10}{\sqrt{n}}}$$

$$\therefore n = 16$$

6-8　應用習題 6-3 和習題 6-4 的結果，試在同一張圖紙上，用相同的坐標尺度，分別繪出 X，$\overline{X}_2$，和 $\overline{X}_4$ 的機率直方圖，觀測各直方圖近似一個常態分布的程度。

6-8

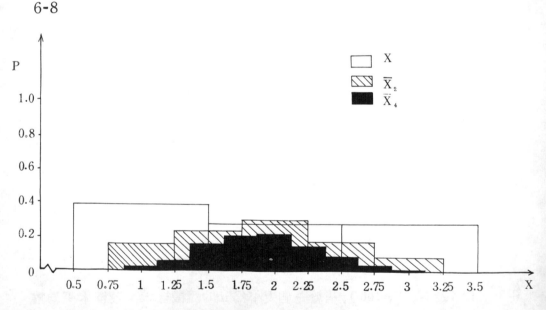

依次以 $\overline{x}_4$，$\overline{x}_2$，x 較近似常態分布。

6-9　今自平均數為 20，且變異數為 25 的分布中取出一個大小為 100 的隨機樣本，試問樣本平均數 $\overline{X}$ 小於 20.75 的機率為若干？

6-9　$\mu = 20$　$\sigma^2 = 25$　$n = 100$

$$\therefore s = \sqrt{\frac{25}{100}} = 0.5$$

$$\therefore z = \frac{20.75 - 20}{0.5} = 1.5$$

$$\therefore P(X \angle 20.75)$$
$$= P(Z \angle 1.5) = 0.9332$$

6-10 已知某工廠的工人完成一件裝配工作的平均所需時間為 50 分鐘，
且標準差為 8 分鐘。有一天廠長決定抽查工人的工作進度，他紀錄
了 60 名工人完成工作所需的時間，試問：

(a)樣本平均數大於 52 分鐘的機率為若干？

(b)如果廠長發現樣本平均數實際上是 53 分鐘，他是否擔心裝配工
作有慢下來的趨勢（假定標準差不變）？

6-10 (a) $\mu = 50$　$\sigma = 8$　$n = 60$

$$\therefore s = \frac{8}{\sqrt{60}} = 1.0328 \qquad z = \frac{52 - 50}{1.0328} = 1.94$$

$$\therefore P(X \geqq 52)$$
$$= P(Z \geqq 1.94) = 1 - 0.9738 = 0.0262$$

(b)不用擔心，因為其只是單一樣本，全體而言，平均仍為 50 。

6-11 某遊樂區的空中纜車載重限制為 4,000 公斤，並宣稱限乘 50 人。
已知所有搭乘該纜車的客人的平均體重為 60 公斤，標準差為 48.7
公斤，今有 50 人欲乘該纜車，試問這 50 人超過載重限制的機率為
若干？

【提示】50 人的總重量超過 4,000 公斤的機率為若干？即「平均」

每人的體重超過 $\dfrac{4,000}{50} = 80$ 公斤的機率為若干？

6-11 $\mu = 60$　$\sigma = 48.7$　$n = 50$

$$\therefore s = \frac{48.7}{\sqrt{50}} = 6.8872$$

$$z = \frac{80 - 60}{6.8872} = 2.90$$

$$\therefore P\,(\,X \geqq 80\,)$$

$$= P\,(\,Z \geqq 2.90\,) = 1 - 0.9981 = 0.0019$$

6-12　（模擬抽樣）已知隨機變數 X 的機率分布如下：

x	0	1	2
f (x)	0.1	0.3	0.6

(a)計算該分布的平均數 μ 和變異數 σ^2；

(b)自該分布模擬 10 組大小為 n ＝ 5 的樣本資料；

(c)計算(b)的每一組樣本資料的平均數 $\bar{x}$ 和變異數 s^2；

(d)根據(c)的結果做以下各題：

　(1)計算 10 個 $\bar{x}$ 的平均數和變異數，其結果是否分別近似(a)的 μ 和 $\dfrac{\sigma^2}{5}$？如果答案是否定的，理由是什麼？

　(2)繪製 10 個 $\bar{x}$ 的點圖，其型態是否近似一個常態分布？如果答案是否定的，理由是什麼？

　(3)計算 10 個 s^2 的平均數，其結果是否近似(a)的 σ^2？又 10 個 s^2 的變異數為若干？

　(4)繪製 10 個 s^2 的點圖，觀測其型態是否為右偏。

(e)集合全班同學在(c)所算出的 $\bar{x}$ 和 s^2，做(d)的(1)至(4)。

6-12　(a) $\mu = 0 \times 0.1 + 1 \times 0.3 + 2 \times 0.6 = 1.5$

　　　　$\sigma^2 = 0^2 \times 0.1 + 1^2 \times 0.3 + 2^2 \times 0.6 - 1.5^2 = 0.5$

(b)略

(c)略

(d)略

(e)略

6-13　試說明下述各題的羣體是有限或無限。

(a)自一批卸貨的鐘錶抽樣，以估計任一批鐘錶在運輸中遭受毀損的比率。

(b)在郵寄前自訂單抽樣，以估計本期訂單塡錯的比率。

(c)自去年的退稅案抽樣，以估計平均扣除額。

6-13 (a)有限，因爲毀損數目可數。

(b)有限，因訂單之數目可數。

(c)無限，因爲扣除額爲任意實數。

6-14 有一位經理在執行發展計畫中敍述道：「抽樣誤差在任何的抽樣過程都會產生，如同測量誤差在任何的測量過程都會發生一樣」。試評論之。

6-14 抽樣在作統計推論時，可能產生誤差，此誤差可藉由樣本大小的取用，及信賴度等等的人爲控制而控制其發生的機率，與測量誤差無法由人爲做有效的控制不同。

6-15 有一位學抽樣的學生，對實際應用時，只抽取一組樣本，怎麼會有 $\overline{X}$ 的抽樣分布，感到困惑。試複述抽樣分布的觀念與其意義，以解決這位同學的困惑。

6-15 抽樣分布是事先取 x_1，x_2 …… x_n，共 n 組的樣本，而得出其平均數 $\overline{x}_1$，$\overline{x}_2$ …… $\overline{x}_n$，將此平均數，繪成關係圖形，即爲抽樣分配，由此可得 μ 和 δ^2。因此，以後再做此方面的實驗時，雖僅抽取一組，但可由已建立的抽樣分配關係，而自此單一組資料，建立各種估計，所以只抽取一樣本，可得 $\overline{x}$ 的抽樣分布。

6-16 當樣本足夠大時，樣本平均數 $\overline{X}$ 比羣體平均數 μ 較大的機會多呢？還是較小的機會多呢？試解釋之。

6-16 一樣多，因爲根據中央極限定理，當樣本夠大時，樣本平均數會成爲以羣體平均數 μ 爲平均數，$\dfrac{\sigma}{\sqrt{n}}$（ σ 爲羣體標準差）爲標準差的常態分配，因此，樣本平均數比羣體平均數大或小的機率應該相同。

6-17 由 $\sigma(\overline{X})$ 的公式，可知 $\overline{X}$ 之抽樣分布的差異程度，隨 n 的增加而減小，試說明你的直覺是否以爲如此？什麼道理？

6-17 根據 $\sigma(\overline{x})$ 公式，樣本平均數的變異數爲 $\dfrac{\sigma^2}{n}$（ σ^2 爲群體變異數 ）

當 n 增加時，使得 $\dfrac{\sigma^2}{n}$ 減小，也就是說變異數較小，較集中於中心處。

6-18 某廠的紅磚平均重量 $\mu = 3.84$ 磅，標準差 $\sigma = 0.06$ 磅。

(a)分別求 n = 10 與 n = 50 之 $\overline{X}$ 的抽樣分布的標準差。

(b)樣本平均數與 μ 之差在 0.01 磅之內，以那一種樣本量機會較大？

(c)分別抽取 10 塊與 50 塊紅磚的樣本，其樣本平均數，是否後者恆較前者接近於 $\mu = 3.84$ 磅，說明之。

6-18 (a) n = 10 $\sigma(\overline{x}) = \dfrac{\sigma}{\sqrt{n}} = \dfrac{0.06}{\sqrt{10}} = 0.019$

n = 50 $\sigma(\overline{x}) = \dfrac{\sigma}{\sqrt{n}} = \dfrac{0.06}{\sqrt{50}} = 0.0084$

(b) n = 10 $z = \dfrac{0.01}{0.019} = 0.53$

$\therefore P(-0.01 \leqq \overline{x} - \mu \leqq 0.01) = P(-0.53 \leqq Z \leqq 0.53)$

$= 0.7019 - (1 - 0.7019)$

$= 0.4038$

n = 50 $z = \dfrac{0.01}{0.0084} = 1.19$

$\therefore P(-0.01 \leqq \overline{x} - \mu \leqq 0.01) = P(-1.19 \leqq Z \leqq 1.19)$

$= 0.8830 - (1 - 0.8830)$

$= 0.766$

$\therefore$ 以 n = 50 之樣本量，其機會較大。

(c)是的，根據中央極限定理，樣本量 n 大時，則 $\overline{x}$ 的分布近似常態，其平均數爲 μ 此例，n = 50 > n = 10 ，自然 n = 50 較接近

$\mu = 3.84$ 磅。

6-19 (a)試就下述三種情況計算 $\sqrt{\dfrac{(N-n)}{(N-1)}}$

N	5,000	50,000	500,000
n	100	100	100

(b)前述三種情況，有限羣體矯正值是否都接近於 1 ？是否表示這不同的三種羣體量，當 n ＝ 100 時，其 $\sigma(\overline{X})$ 都相同？假定這三個羣體的 σ^2 都相等。

(c)以樣本量 n ，或相對樣本量 $\dfrac{n}{N}$ ，何者影響於 $\overline{X}$ 的抽樣分布的差異程度較大？

6-19 (a)① N ＝ 5000　　n ＝ 100　　$\sqrt{\dfrac{(N-n)}{(N-1)}} = 0.99$

　　② N ＝ 50000　　n ＝ 100　　$\sqrt{\dfrac{(N-n)}{(N-1)}} = 0.999$

　　③ N ＝ 500000　　n ＝ 100　　$\sqrt{\dfrac{(N-n)}{(N-1)}} = 0.9999$

(b)矯正值都接近 1 ，可表示這三個不同的群體量當 n ＝ 100 時，

其 $\sigma(\overline{x}) = \dfrac{\sigma}{\sqrt{100}}$ 皆相同。

(c) $\dfrac{n}{N}$ 影響 $\overline{x}$ 抽樣分布的差異較大，當 $\dfrac{n}{N} \leqq 0.05$ 時，可將母體視為無限，否則需加以修正。

6-20 對下述各個案，試寫出 $\overline{X}$ 抽樣分布的函數式，並指出你寫的是真正式或近似式。

(a)有 20,000 位員工的羣體，抽取一組含 n ＝ 200 位員工的隨機樣

本，以估計員工自家裏至工作地點的平均距離。

(b)紅磚的重量為常態分布，任取 n＝5 塊為一組隨機樣本。

(c)一項物品每天需要量服從波瓦松分布，任意取 n＝100 天的紀錄
為一組隨機樣本。

6-20 (a) $f(\bar{x}) = \dfrac{1}{\sqrt{2\pi}\,\sigma}\, e^{-\frac{(\bar{x}-\mu)^2}{2\sigma^2}}$ 為近似式

(b) $f(\bar{x}) = \dfrac{1}{\sqrt{2\pi}\,\sigma}\, e^{-\frac{(\bar{x}-\mu)^2}{2\sigma^2}}$ 為真正式

(c) $P(\bar{x}=\bar{x}) = \dfrac{e^{-\bar{x}}\,\lambda^{\bar{x}}}{x!}$ 為真正式

6-21 每一個含溶劑的鐵罐的重量服從常態分布，平均數 $\mu＝352$ 磅與標
準差 $\sigma＝2.1$ 磅。

(a)取 n＝2 罐的一組隨機樣本，試寫出 $\bar{X}$ 的抽樣分布的函數式。

(b)取 6 罐的一組隨機樣本，求樣本平均數不超過 354 磅的機率。

(c)對含 6 罐的一組隨機樣本，$\bar{X}$ 落在什麼區間內有 90％的機會？
使用距 μ 等距的區間。

(d)若取 n＝9，再求(c)的解。說明此處樣本量的改變有什麼影響？

6-21 (a) $P(\bar{x}=x) = \dfrac{1}{\sqrt{2\pi}\,\sigma}\, e^{-\frac{(x-\mu)^2}{2\sigma^2}}$

$\sigma = \dfrac{2.1}{\sqrt{2}} = 1.48$

$\therefore P(\bar{x}=x) = \dfrac{1}{3.71}\, e^{-\frac{(x-352)^2}{4.38}} = 0.27\, e^{-\frac{(x-352)^2}{4.38}}$

(b) $\sigma(\bar{x}) = \dfrac{\sigma}{\sqrt{n}} = \dfrac{2.1}{\sqrt{6}} = 0.8573$

$t = \dfrac{354-352}{0.8573} = 2.333$

$\therefore P(X \angle 354) = P(t<2.333) = 0.9643$

(c) $1 - \alpha = 90\%$

$\therefore t\left(1 - \dfrac{\alpha}{2} ; n - 1\right) = t(0.95 ; 5) = 2.015$

$\therefore 90\%$ 信任區間

$352 - 2.015 \times 0.8573 \angle \mu \angle 352 + 2.015 \times 0.8573$

$350.27 \angle \mu \angle 353.73$

即落在 350.27 與 353.73 之間。

(d) $n = 9$

$\therefore \sigma(\overline{x}) = \dfrac{2.1}{\sqrt{9}} = 0.7$

$\therefore 352 - 2.015 \times 0.7 \angle \mu \angle 352 + 2.015 \times 0.7$

$350.59 \angle \mu \angle 353.41$

樣本量改變,使樣本變異數變小。

6-22 參考習題 6-18,假設紅磚重量服從常態分布。

(a)取 10 塊為一組隨機樣本,求 $\overline{X}$ 與母體平均數的差小於 0.01 磅的機率。

(b)求 $\overline{X}$ 落在什麼區間內有 95% 的機會?使用與 μ 等距的區間。

(c)如果 $\sigma = 0.15$ 磅,再求(b)的解。說明此處羣體差異程度的改變有什麼影響?

6-22 (a) $n = 10$ $\mu = 3.84$ $\sigma = 0.06$

$\therefore \sigma(\overline{x}) = \dfrac{0.06}{\sqrt{10}} = 0.019$

$Z = \dfrac{\overline{x} - \mu}{\sigma(\overline{x})} = \dfrac{0.01}{0.019} = 0.53$

$\therefore P(-0.01 \angle \overline{x} - \mu \angle 0.01) = P(-0.53 \angle Z \angle +0.53)$

$= 0.7019 - (1 - 0.7019) = 0.4038$

(b) $1 - \alpha = 0.95$

$\therefore t(0.975 ; 9) = 2.262$

∴ $\overline{X}$ 之 95 % 信任區間

$$3.84 - 2.262 \times 0.019 \angle \overline{X} \angle 3.84 + 2.262 \times 0.019$$

$$3.80 \angle \overline{X} \angle 3.88$$

(c) $\sigma = 0.15$

$$\therefore \sigma(\overline{X}) = \frac{0.15}{\sqrt{10}} = 0.047$$

$$\because t(0.975 \; ; \; 9) = 2.262$$

∴ $\overline{X}$ 之 95 % 信任區間

$$3.84 - 2.262 \times 0.047 \angle \overline{X} \angle 3.84 + 2.262 \times 0.047$$

$$3.73 \angle \overline{X} \angle 3.95$$

群體差異的程度，會影響信任區間的大小，在相同的信任係數下，變異數愈大，區間愈大。

6-23 自一含 5 個家庭為羣體抽樣。該羣體各戶的收入為：

家　　　　庭	A	B	C	D	E
收入（千元）	12	23	18	7	16

(a)求羣體平均數與標準差。

(b)求含 2 個家庭的隨機樣本平均數 $\overline{X}$ 的抽樣分布。

(c)計算 $\overline{X}$ 的抽樣分布的平均數與標準差。

6-23 (a) $\overline{x} = \dfrac{(12 + 23 + 18 + 7 + 16)}{5} = 15.2$

$$\sigma = \sqrt{\frac{\sum\limits_{k-1}^{5}(x_i - \overline{x})^2}{5 - 1}} = 6.06$$

(b)抽樣分布：$\dfrac{A + B}{2} = 17.5$ ，$\dfrac{A + C}{2} = 15$ ，$\dfrac{A + D}{2} = 9.5$

$\dfrac{A + E}{2} = 14$ ，$\dfrac{B + C}{2} = 20.5$ ，$\dfrac{B + D}{2} = 15$ ，$\dfrac{B + E}{2} = 19.5$

$$\frac{C + D}{2} = 12.5, \quad \frac{C + E}{2} = 17, \quad \frac{D + E}{2} = 11.5$$

(c) $\bar{\bar{x}} = \dfrac{\sum\limits_{i=1}^{10} \bar{x}i}{10} = 15.2$

(d)
$$\sigma = \sqrt{\dfrac{\sum\limits_{i=1}^{10} (\bar{x}i - \bar{x})^2}{10 - 1}} = 3.49$$

6-24 自一含 6 個廠商的羣體抽樣，各廠商去年紅利率如下表：

廠　　　　　商	A	B	C	D	E	F
紅利率（％）	2	0	4	3	7	6

(a)求羣體平均數與標準差。

(b)求含 2 家廠商的隨機樣本平均數 $\bar{X}$ 的抽樣分布。

(c)計算 $\bar{X}$ 的抽樣分布的平均數與標準差。

6-24 (a)　$\bar{x} = \dfrac{\sum\limits_{i=1}^{6} x i}{6} = \dfrac{(2 + 0 + 4 + 7 + 3 + 6)}{6} = 3.67$

$$\sigma = \sqrt{\dfrac{\sum\limits_{i=1}^{6} (x i - \bar{x})^2}{6 - 1}} = 2.58$$

(b) $\bar{x}$ 的抽樣分布：

$$\frac{A + B}{2} = 1, \quad \frac{A + C}{2} = 3, \quad \frac{A + D}{2} = 2.5, \quad \frac{A + E}{2} = 4.5$$

$$\frac{A + F}{2} = 4, \quad \frac{B + C}{2} = 2, \quad \frac{B + D}{2} = 1.5, \quad \frac{B + E}{2} = 3.5$$

$$\frac{B + F}{2} = 3, \quad \frac{C + D}{2} = 3.5, \quad \frac{C + E}{2} = 5.5, \quad \frac{C + F}{2} = 5$$

$$\frac{D+E}{2}=5 , \quad \frac{D+F}{2}=4.5 , \quad \frac{E+F}{2}=6.5$$

(c) $\bar{x}=\dfrac{\sum\limits_{1}^{15}\bar{x}i}{15}=3.67$

$$\sigma=\sqrt{\frac{\sum\limits_{i=1}^{15}(\bar{x}i-\bar{x})^2}{15-1}}=1.54$$

6-25 已知電腦每天發生故障的次數X的機率分布如下：

x	0	1	2	計
f (x)	0.90	0.08	0.02	1

(a)求該無限羣體的平均數與標準差。

(b)求含 2 天的隨機樣本的 $\bar{X}$ 之抽樣分布。

(c)計算 $\bar{X}$ 的抽樣分布的平均數與標準差。

6-25 (a) $\bar{x}=0\times0.9+1\times0.08+2\times0.02=0.12$

$$\sigma=\sqrt{\sum x_i^2 f(x_i)-(\sum x_i f(x_i))^2}$$

$$=\sqrt{0^2\cdot0.9+1^2\times0.08+2^2\times0.02-0.12^2}=0.38$$

(b)

x_1 \ x_2	0	1	2	f(x_1)
0	0.81	0.072	0.018	0.9
1	0.072	0.0064	0.0016	0.08
2	0.018	0.0016	0.0004	0.02
f(x_2)	0.9	0.08	0.02	1

(c) $\bar{x}=0\times0.81+\dfrac{0+1}{2}\times0.072\times2+\dfrac{0+2}{2}\times0.018\times2$

$$+ \frac{1+1}{2} \times 0.0064 + \frac{1+2}{2} \times 0.0016 \times 2 + \frac{2+2}{2} \times 0.0004$$

$$= 0.12$$

$$\sigma = \sqrt{\sum x_i{}^2 f(x_i) - (\sum x_i f(x_i))^2}$$
$$= \sqrt{0.0872 - 0.0144}$$
$$= 0.27$$

或 $\sigma_{\bar{x}} = \sqrt{\dfrac{\sigma^2}{2}} = \sqrt{\dfrac{0.38^2}{2}} = 0.27$

6-26 在應付帳款傳票的審核，完全正確者的比率為 $p = 0.85$ ；

　　(a)試寫出 $\overline{P}$ 的抽樣分布。

　　(b)若 $n = 10$ ，再寫出 $\overline{P}$ 的抽樣分布，並作圖示。

　　(c)求(b)的 $\overline{P}$ 的平均數與標準差，並求 $P(\overline{P} < 0.60)$ 及 $P(\overline{P} > 0.90)$ 。

6-26 (a) $p(x = k) = \binom{n}{k} p^k (1-p)^{n-k} = \binom{n}{k} 0.85^k 0.15^{n-k}$

　　(b) $p(x = k) = \binom{10}{k} 0.85^k 0.15^{10-k}$

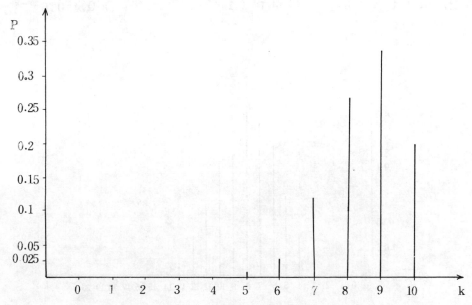

(c) $\overline{p} = 0.85$ $n = 10$

$$\sigma = \sqrt{\frac{p(1-p)}{n}} = \sqrt{\frac{0.85 \times 0.15}{10}} = 0.113$$

$$z = \frac{0.6 - 0.85}{0.113} = -2.21$$

$$\therefore P(\overline{P} < 0.60) = P(Z < -2.21) = 1 - 0.9864$$
$$= 0.0136$$

$$z = \frac{0.9 - 0.85}{0.113} = 0.44$$

$$\therefore P(\overline{P} > 0.90) = P(Z > 0.44) = 1 - 0.67$$
$$= 0.33$$

6-27 進入店內的顧客會成交之機率為 $P = 0.40$ ，任取 20 位顧客為一組簡單隨機樣本。

(a)求 $\overline{P}$ 的抽樣分布並作圖。

(b)求 $\overline{P}$ 的平均數與標準差。

(c)求 $P(\overline{P} < 0.30)$ 與 $P(\overline{P} > 0.60)$ 。

6-27 (a) $P(x = k) = \binom{n}{k} p^k (1-p)^{n-k} = \binom{20}{k} 0.4^k 0.6^{20-k}$

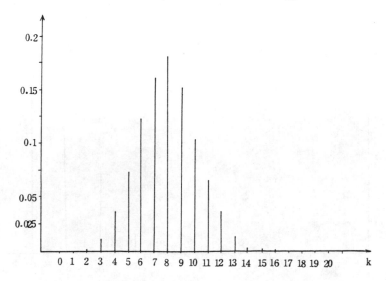

(b) $\overline{p} = 0.40$

$$\sigma = \sqrt{\frac{\hat{p}(1-\hat{p})}{n}} = \sqrt{\frac{0.4 \times 0.6}{20}} = 0.11$$

(c) $z = \dfrac{0.30 - 0.40}{0.11} = -0.91$

$$\therefore P(\overline{p} < 0.3) = P(z < -0.91) = 1 - 0.8186 = 0.1814$$

$$z = \frac{0.60 - 0.40}{0.11} = 1.82$$

$$\therefore P(\overline{p} > 0.60) = P(z > 1.82) = 1 - 0.9656 = 0.0344$$

6-28 繼前題，令 Y 表樣本中成交的人數。

(a) Y 的抽樣分布與 $\overline{P}$ 者有何差異？

(b) 求 Y 的平均數與標準差。

(c) 求 $P(Y < 8)$ 與 $P(Y > 11)$。

6-28 (a) 分布圖形一樣，只是數據有差異。

(b) $\overline{y} = 20 \times 0.4 = 8$

$$\sigma = \sqrt{np(1-p)} = \sqrt{20 \times 0.4 \times 0.6} = 2.19$$

(c) $z = \dfrac{8-8}{2.19} = 0$

$$\therefore P(y < 8) = P(z < 0) = 0.5$$

$$z = \frac{11-8}{2.19} = 1.37$$

$$\therefore P(y > 11) = P(z > 1.37) = 1 - 0.9147 = 0.0853$$

6-29 不良率為 0.05，假設可用二項機率分布。試求一組含 10 件的樣本，其不良品不超過 1 件的機率如何呢？一組含 6 件的樣本，其不良品超過 2 件的機率呢？

6-29 不良率 0.05

含 10 件，不良品不超過 1 件

$$p = P(x = 0) + P(x = 1)$$

$$= 0.5987 + 0.3151$$

$$= 0.9138$$

含 6 件，不良品超過兩件

$$p = 1 - P (x = 0) - P (x = 1) - P (x = 2)$$

$$= 1 - 0.7351 - 0.2321 - 0.0305$$

$$= 0.0023$$

6-30 每批貨延遲裝貨之機率爲 0.10 ，假設允許使用二項機率分布，試求 15 批貨的一組樣本，延遲者不超過 3 批的機率，其次求 12 批貨的一組樣本，延遲者超過 2 批的機率。

6-30 延遲機率 0.1

15 批貨的樣本，延遲不超過 3 批

$$p = P (x = 0) + P (x = 1) + P (x = 2) + P (x = 3)$$

$$= 0.2059 + 0.3432 + 0.2669 + 0.1285$$

$$= 0.9445$$

12 批貨的樣本，延遲者超過 2 批

$$p = 1 - P (x = 0) - P (x = 1) - P (x = 2)$$

$$= 1 - 0.2824 - 0.3766 - 0.2301$$

$$= 0.1109$$

6-31 審計員在抽取的傳票中若發現至少 1 張有錯誤，則做 100％全體審核。假設可應用二項機率分布，則抽取 100 張傳票爲樣本，試求(1) $p = 0.01$ 及(2) $p = 0.10$ 需要做全體審核的機率，假設當 $p = 0.10$ 時，表示錯誤情況相當嚴重，則該項抽樣計畫會不會有誤失情形。

6-31 (1) $\hat{p} = 0.01$　　　$n = 100$

$$\therefore \lambda = n\hat{p} = 100 \times 0.01 = 1$$

$$\therefore p = 1 - P (x = 0)$$

$$= 1 - 0.3679$$

$$= 0.6321$$

(2) $\hat{p} = 0.10$　　　$n = 100$

$$\lambda = n\hat{p} = 10$$

$$\therefore p = 1 - P(x = 0)$$

$$= 1 - 0$$

$$= 1$$

p = 0.10 時，由(2)中；求出全體審核的機率＝1

所以在理論上，應不會有誤失情形。

6-32 試指出下述各題，何者允許以常態分布求二項分布近似值。

(a) n = 100 ， p = 0.01   (b) n = 100 ， p = 0.10

(c) n = 50 ， p = 0.95   (d) n = 20 ， p = 0.40

6-32 通常 np ≥ 5 且 n(1−p) ≥ 5 時，即可以常態分布求二項分布近似值。

所以(b)，(d)可以

6-33 一批共 10,000 支 T.V. 映像管抽樣檢驗是否不良率在要求的水準 0.1 之下。茲取 n = 100 支為一組隨機樣本，假設整批映像管的不良率為 p = 0.08。

(a) 求 $\overline{P}$ 的抽樣分布的平均數與標準差。

(b) 求 $\overline{P}$ 大於 0.10 的機率。

(c) 若 n = 500 ，(b)的機率如何？樣本量增加後，檢驗效果也隨之加強嗎？

6-33 (a) $\lambda = n p = 100 \times 0.08 = 8$

$$\sigma = \sqrt{\lambda} = 2\sqrt{2} \doteqdot 2.83$$

(b) $\overline{p} > 0.1$ 即 $\overline{x} > 100 \times 0.1 = 10$

查表

$$P(\overline{p} > 0.1) = P(\overline{x} > 10) = 0.0722 + 0.0481 + 0.0296$$
$$+ 0.0169 + 0.0090 + 0.0045 + 0.0021 + 0.0009$$
$$+ 0.0004 + 0.0002 + 0.0001 + 0 \cdots\cdots$$
$$= 0.1840$$

(c) n = 500 $\therefore 500 \times 0.1 = 50$

$$\lambda = np = 500 \times 0.08 = 40$$

$$\sigma = \sqrt{npq} = \sqrt{500 \times 0.08 \times 0.92} = 6.07$$

$$\therefore z = \frac{50 - 40}{6.07} = 1.65$$

$$\therefore P(\bar{p} > 0.1) = P(\bar{x} > 50) = P(Z > 1.65) = 1 - 0.9505$$
$$= 0.0495$$

樣本量增加，效果未必加強，必需考慮檢驗的成本及檢驗標準。

第七章　統計的估計

7-1　自平均數為 μ 且變異數為 σ^2 的分布（任何形式的分布）中取出一個大小為 $n = 2$ 的隨機樣本 X_1, X_2，試考慮 μ 的兩個估計量 $\overline{X}$ 和 W，定義：

$$\overline{X} = \frac{1}{2} X_1 + \frac{1}{2} X_2$$

$$W = \frac{1}{3} X_1 + \frac{2}{3} X_2$$

(a)證明 $\overline{X}$ 和 W 均為 μ 的不偏估計量；

(b)對於 W，$\overline{X}$ 的相對效率性為何？那一個估計量比較有效率？

7-1　(a)對任意樣本量

$\displaystyle\sum_{i=1}^{n} c_i x_i$ 為 μ 的不偏估計量，其中 $\displaystyle\sum_{i=1}^{n} c_i = 1$

因為 $\dfrac{1}{2} + \dfrac{1}{2} = 1$　且 $\dfrac{1}{3} + \dfrac{2}{3} = 1$

所以 $\overline{X} = \dfrac{1}{2} X_1 + \dfrac{1}{2} X_2$

$W = \dfrac{1}{3} X_1 + \dfrac{2}{3} X_2$ 均為 μ 的不偏估計量

(b) $Var(\overline{X}) = (\dfrac{1}{2})^2 \sigma^2 + (\dfrac{1}{2})^2 \sigma^2 = \dfrac{\sigma^2}{2}$

$Var(W) = (\dfrac{1}{3})^2 \sigma^2 + (\dfrac{2}{3})^2 \sigma^2 = \dfrac{5}{9} \sigma^2$

$\therefore \overline{X}$ 比 W 的相對效率 $= \dfrac{\dfrac{5}{9} \sigma^2}{\dfrac{1}{2} \sigma^2} = \dfrac{10}{9}$

∴ $\overline{X}$ 比較有效率

7-2 一個竹筒裏裝有許多籤，其中的三分之一刻有 2 點，三分之一刻有 4 點，且三分之一刻有 6 點。

(a)若自竹筒隨機取出一支籤，設隨機變數 X 表示其上的點數，試找出 μ 和 σ^2；

(b)若自竹筒隨機取出兩支籤，設 $\overline{X}$ 表示樣本平均數，試找出 $\overline{X}$ 的分配，並計算 $\mu_{\overline{x}}$ 和 $\sigma_{\overline{x}}^2$；

(c)證明 $\overline{X}$ 是 μ 的不偏估計量；

(d) $2\overline{X}+1$ 是否為 $2\mu+1$ 的不偏估計量？

(e) $\overline{X}^2$ 是否為 μ^2 的不偏估計量？

(f) $1/\overline{X}$ 是否為 $1/\mu$ 的不偏估計量？

7-2 (a)
$$\mu = \frac{1}{3} \times 2 + \frac{1}{3} \times 4 + \frac{1}{3} \times 6 = 4$$

$$\sigma^2 = (2^2 \times \frac{1}{3} + 4^2 \times \frac{1}{3} + 6^2 \times \frac{1}{3}) - (\frac{2}{3} + \frac{4}{3} + \frac{6}{3})^2 = \frac{8}{3}$$

(b)

x_2 \ x_1	2	4	6	$f(x_2)$
2	$\frac{1}{9}$	$\frac{1}{9}$	$\frac{1}{9}$	$\frac{1}{3}$
4	$\frac{1}{9}$	$\frac{1}{9}$	$\frac{1}{9}$	$\frac{1}{3}$
6	$\frac{1}{9}$	$\frac{1}{9}$	$\frac{1}{9}$	$\frac{1}{3}$
$f(x_1)$	$\frac{1}{3}$	$\frac{1}{3}$	$\frac{1}{3}$	1

$$\mu_{\overline{x}} = [\ 2 \times \frac{1}{9} + \frac{(2+4)}{2} \times \frac{1}{9} + \frac{(2+6)}{2} \times \frac{1}{9} + \frac{(4+2)}{2} \times \frac{1}{9}$$

$$+ \frac{(4+4)}{2} \times \frac{1}{9} + \frac{(4+0)}{2} \times \frac{1}{9} + \frac{(6+2)}{2} \times \frac{1}{9}$$

$$+\frac{(6+2)}{2}\times\frac{1}{9}+\frac{(6+4)}{2}\times\frac{1}{9}+\frac{(6+6)}{2}\times\frac{1}{9}\Big]$$

$$=\frac{2}{9}+\frac{3}{9}+\frac{4}{9}+\frac{3}{9}+\frac{4}{9}+\frac{2}{9}+\frac{4}{9}+\frac{5}{9}+\frac{6}{9}$$

$$=\frac{37}{9}$$

$$\sigma^2_{\bar{x}}=\frac{(4+9+16+9+16+25+16+25+36)}{9}-(4)^2$$

$$=\frac{4}{3}$$

(c)由(b)

$$\mu_{\bar{x}}=4=\mu$$

$$\mu_{\bar{x}}=\sum_{i=1}^{9}C_i\bar{x}$$

$$\because\sum_{i=1}^{9}C_i=\frac{1}{9}\times9=1$$

$\therefore\bar{x}$ 是 μ 的不偏估計量

(d) $E(2\bar{x}+1)=2E(\bar{x})+1=2\mu+1$

   $\therefore$是 $2\mu+1$ 的不偏估計量

(e) $E(\bar{x}^2)=[E(\bar{x})]^2+Var(\bar{x})$

$$=\mu^2+Var(\bar{x})$$

   $\therefore\bar{x}^2$ 不是 μ^2 的不偏估計量

(f) $E(\frac{1}{\bar{x}})\neq\frac{1}{\mu}$

   $\therefore\frac{1}{\bar{x}}$ 不是 $\frac{1}{\mu}$ 的不偏估計量

7-3　設自常態分布 $N(\mu,80)$ 取得一個大小爲 $n=20$ 的隨機樣本，
設樣本平均數 $\bar{X}$ 的值爲 81.2。試爲 μ 設立一個 95% 的信任區間。

7-3 $\bar{x} = 81.2$ $N(\mu, 80)$ $n = 20$

$\sigma^2 = 80$

$\therefore s^2 = \dfrac{80}{20} = 4$ $\therefore s = 2$

$\alpha = 1 - 95\% = 5\%$

$\therefore 1 - \dfrac{\alpha}{2} = 0.975$

$t(0.975 ; 19) = 2.093$

$\therefore \mu$ 的 95% 的信任區間

$81.2 - 2.093 \times 2 \leq \mu \leq 81.2 + 2.093 \times 2$

$\therefore 77.014 \leq \mu \leq 85.386$

7-4   (a)從一種新型的輪胎任取 n 個爲一組樣本。樣本中第一個輪胎使用至 X 公里時報廢。X 是否爲此型輪胎平均壽命的不偏估計量？是一致估計量嗎？試解釋之。

(b)有一偏差估計量，符合一致性，是否表示當樣本量愈大時，其偏量趨於零？試討論之。

7-4   (a) $E(x_1) = \mu$ 是不偏估計量

$\displaystyle\lim_{n \to \infty} p(\,|x_1 - \mu| < \sigma\,) \neq 1$ 非一致估計量

(b)是，由一致性定義可知。

7-5   課文中曾經說明，常態羣體 μ 的估計量，$\bar{X}$ 較 Md 有效。

(a)是否表示常態羣體的每一組樣本，其 $\bar{x}$ 都較 Md 接近 μ？

(b)各種有相同精確度的不同估計量估計 μ，就樣本量言，$\bar{X}$ 相對地較有效率，試說明這句話的意義。

7-5   (a)不一定；Md 有可能較 $\bar{x}$ 接近 μ，

(b)是指在相同精確度的條件之下，以 $\bar{x}$ 來估計 μ 所需的樣本量較少。

7-6   研究報告指出，家具業每年投資報酬率平均值介於 6.1% 至 10.8%，信任係數爲 95%，有一個人解釋說，有 95% 的家具商投資報酬率

介於6.1％至10.8％，另一個人解釋說，如果抽取許多組隨機樣本，則介於6.1％至10.8％的樣本平均數有95％，這兩種說法都錯了，爲什麼？

7-6　正確的說法爲，在抽取樣本，我們有95％的信心，其投資報酬率介於6.1％至10.8％。

7-7　有一位航運業務研究員取60天的訂機票紀錄爲一組樣本，用以估計每天下午4點飛往紐約的班機訂不到座位的平均人數，紀錄如下表：

未訂到座位人數	0	1	2	3	4	5	計
發　生　天　數	29	19	9	2	0	1	60

(a)求 μ 的90％信任區間，解釋其意義。

(b)求 μ 的98％信任區間，與(a)比較，其區間長度較長，是否表示這是一個比較好的區間估計值？說明之。

(c)同樣60天的不同隨機樣本，可能產生如(a)與(b)相同的區間估計值嗎？試解釋之。

7-7

(a) $\bar{x} = \dfrac{(0 \times 29 + 1 \times 19 + 2 \times 9 + 3 \times 2 + 4 \times 0 + 5 \times 1)}{60}$

$= 0.8$

$s^2 = \dfrac{\begin{array}{l}29 \times (0-0.8)^2 + 19 \times (1-0.8)^2 + 9 \times (2-0.8)^2 \\ + 2 \times (3-0.8)^2 + 0 \times (4-0.8)^2 + 1 \times (5-0.8)^2\end{array}}{60-1}$

$= 1.01069$

$\therefore s = 1.0051 \qquad \therefore s(\bar{x}) = \dfrac{s}{\sqrt{60}} = 0.13$

$\because 1 - \alpha = 0.9$

$\therefore Z(1 - \dfrac{\alpha}{2}) = Z(0.95) = 1.645$

$\therefore \mu$ 的 90 % 信任區間

$$0.8 - 1.645 \times 0.13 \le \mu \le 0.8 + 1.645 \times 0.13$$

$$0.59 \le \mu \le 1.01$$

即在每天下午 4 點沒訂到座位的人數，我們有 90 % 的信心，會是在 0.59 至 1.01 人之間。

(b) $1 - \alpha = 0.98$

$$Z\left(1 - \frac{\alpha}{2}\right) = Z\,(\,0.99\,) = 2.326$$

$\therefore \mu$ 的 98 % 信任區間

$$\therefore 0.8 - 2.326 \times 0.13 \le \mu \le 0.8 + 2.326 \times 0.13$$

$$0.50 \le \mu \le 1.10$$

區間長度雖然較(a)長，但未必為較好的區間估計值，雖然未能包含 μ 的風險相對較小，但應視需要來決定區間的長度。

7-8　衣飾鞋業公會有 8,900 家廠商會員，為研究各會員廠商每小時工資發放情形，取 400 家廠商為一組隨機樣本，以估計全體廠商每小時之發放工資平均數 μ。樣本資料的結果是：$\bar{x} = 8.31$ 元，$s = 4.16$ 元，

(a)求 μ 的 95 % 信任區間，解釋其意義。

(b)由你的信任區間顯示抽樣誤差有多大？

(c)解釋為什麼你的區間估計的信任係數只能說大約是 95 %。

(d)改做 99 % 信任區間的話，比(a)的區間較寬或較窄？那一個區間估計錯誤的風險較大？

7-8　(a) $\bar{x} = 8.31$　　　$s = 4.16$　　　$n = 400$

$$1 - \alpha = 0.95 \qquad s\,(\,\bar{x}\,) = \frac{4.16}{\sqrt{400}} = 0.208$$

$$Z\left(1 - \frac{\alpha}{2}\right) = 1.960$$

$\therefore \mu$ 的 95 % 信任區間

$$8.31 - 1.960 \times 0.208 \leq \mu \leq 8.31 + 1.96 \times 0.208$$
$$7.90 \leq \mu \leq 8.72$$

即我們有 95 ％的信心，工資平均數在 7.90 ～ 8.72 元之間。

(b)誤差 $\alpha = 5$ ％

(c)因為標準差 s 是由樣本求來，而非直接從群體而來。

(d)較寬，95 ％信任區間的風險較大。

7-9　假定全國大專學生的 I Q 近似常態分布 N（μ，σ^2），其中 μ 和 σ^2 皆為未知數。今隨機取得 n ＝ 9 位學生的 IQ，經計算得 $\bar{x}$ ＝112.72，且 s ＝ 9.36。試為大專學生的真正平均 IQ μ 找一個 95 ％的信任區間。

7-9　N（μ，σ^2）　　n ＝ 9

$\bar{x} = 112.72$　　　　s ＝ 9.36

$\therefore s(\bar{x}) = 3.12$

$1 - \alpha = 0.95$

t（0.975；8）＝ 2.306

$\therefore \mu$ 的 95 ％信任區間

$$112.72 - 2.306 \times 3.12 \leq \mu \leq 112.72 + 2.306 \times 3.12$$
$$105.53 \leq \mu \leq 119.91$$

7-10　若已知某種檢定考試的成績近似常態分布，經取得一個大小為 n ＝ 8 的隨機樣本，得樣本資料為：

532　624　565　407　492　591　558　611

試為該檢定考試的真正平均成績 μ 設立一個 80 ％的信任區間。

7-10　n ＝ 8　　　$\bar{x} = 547.5$

s ＝ 70.97　　$\therefore s(\bar{x}) = 25.09$

$1 - \alpha = 0.8$

$\therefore$ t（0.9；7）＝ 1.415

$\therefore \mu$ 之 80 ％信任區間

$$547.5 - 1.415 \times 25.09 \leq \mu \leq 547.5 + 1.415 \times 25.09$$

$$512 \leq \mu \leq 583$$

7-11 有一位食品檢驗員發現他所檢驗的12罐花生醬中，每罐所含雜質的百分率（％）分別為：

$$2.3 \quad 1.9 \quad 2.1 \quad 2.8 \quad 2.3 \quad 3.6 \quad 1.8 \quad 2.1$$
$$3.2 \quad 2.0 \quad 1.9 \quad 1.4$$

假定這種雜質百分率近似常態分布，試為這種罐裝花生醬的平均雜質百分率 μ 設立一個 90 ％的信任區間。

7-11 $\bar{x} = 2.28 \qquad n = 12$

$s = 0.62 \qquad s(\bar{x}) = 0.18$

$1 - \alpha = 0.9$

$\therefore t\left(1 - \dfrac{\alpha}{2}; 11\right) = 1.796$

$\therefore \mu$ 之 90 ％信任區間

$$2.28 - 1.796 \times 0.18 \leq \mu \leq 2.28 + 1.796 \times 0.18$$
$$1.96 \leq \mu \leq 2.6$$

7-12 電冰箱公司去年做了 3,612 件到家保養服務。欲估計每件服務耗費工時的平均數 μ，取 121 件為一組隨機樣本，得 $\bar{x} = 1.54$ 工時，$s = 1.21$ 工時。

(a)求 μ 的 99 ％信任區間，解釋其意義。

(b)由你的信任區間顯示抽樣誤差有多大？

(c)解釋為什麼你的區間估計的信任係數只能說大約是 99 ％？

(d)改做 90 ％信任區間的話，比(a)的區間較寬或較窄？那一個區間做對估計的可能性較大？

7-12 (a) $\bar{x} = 1.54 \qquad n = 121$

$s = 1.21 \qquad s(\bar{x}) = 0.11$

$1 - \alpha = 0.99$

$Z\left(1 - \dfrac{\alpha}{2}\right) : Z(0.995) = 2.576$

∴ μ 之 99 ％信任區間

$$1.54 - 2.576 \times 0.11 \leq \mu \leq 1.54 + 2.576 \times 0.11$$

$$1.26 \leq \mu \leq 1.82$$

即我們有 99 ％的信心，平均雜質百分率會介於 1.26 與 1.82 之間。

(b)誤差 $\alpha = 0.01 = 1\%$

(c)同 7-8 (c)

(d)同 7-8 (d)

7-13 參考習題 7-7，一段時間過去後，機票訂座辦法有所改善。欲重新估計每天下午 4 點飛往紐約的班機訂不到座位的平均人數。以樣本平均數估計 μ，使抽樣誤差小於 0.2，信任係數為 90 ％。

(a)符合上述要求，樣本中應包含多少天的紀錄？

(b)如果把信任係數調整為 99 ％，其他因素不變，則樣本中應包含多少天？樣本數是否隨信任係數的增加起變化？

(c)如果 σ 太大，則對信任區間發生如何的影響？為什麼對任一組樣本，不能討論其信任區間的效果？

7-13 (a) h = 0.2

$$1 - \alpha = 0.9$$

$$\therefore n = \frac{1}{4}\left[\frac{Z\left(1 - \frac{\alpha}{2}\right)}{0.2}\right]^2 = \frac{1}{4}\left[\frac{1.645}{0.2}\right]^2 = 16.9 \doteqdot 17 \ (\text{天})$$

即樣本應含 17 天

(b) $1 - \alpha = 0.99$

$$n = \frac{1}{4}\left[\frac{Z\left(1 - \frac{\alpha}{2}\right)}{0.2}\right]^2 = \frac{1}{4}\left[\frac{2.576}{0.2}\right]^2 = 41.4 \doteqdot 42 \ (\text{天})$$

即樣本應含 42 天，且樣本數確應信任係數的增加而變化。

(c) σ 太大，信任區間自然變大，（其它條件不變）而僅討論一組樣本，對其分布情形，並不明確知道，所以對其自然不能討論信任

區間。

7-14 對一個很大的羣體進行抽樣調查以估計平均數 μ，欲使抽樣誤差小於 0.1，信任係數為 95%，估計 σ 等於 0.7，試決定樣本數 n。

7-14 $1 - \alpha = 0.95 \qquad h = 0.1$

$$\sigma = 0.7 \qquad z = Z(1 - \frac{\alpha}{2}) = Z(0.975) = 1.960$$

$$\therefore n = \frac{z^2 \sigma^2}{h^2} = \frac{1.960^2 \times 0.7^2}{(0.1)^2} = 188.2 \doteqdot 189$$

7-15 試驗同一廠牌汽車 10 輛，得各車每哩／加侖的花費（分）分別為 21.1，28.3，26.4，27.0，22.5，23.5，29.1，26.8，26.7，30.8，假設各車耗油費用服從常態分布，試求 μ 的 98% 信任區間，解釋你的區間估計的意義。

7-15 $\bar{x} = 26.22 \qquad n = 10$

$s = 3.02 \qquad s(\bar{x}) = 0.96$

$1 - \alpha = 0.98$

$$\therefore t(1 - \frac{\alpha}{2} ; n - 1) = t(0.99 ; 9) = 2.821$$

$\therefore \mu$ 的 98% 信任區間

$$26.22 - 2.821 \times 0.96 \leq \mu \leq 26.22 + 2.821 \times 0.96$$

$$23.51 \leq \mu \leq 28.93$$

即我們有 98% 的信心，耗油費用會在 23.51～28.93 元之間。

7-16 研究某一通訊系統的效果，以傳遞 16 件事為一組樣本實驗所得平均時間為 25.7 分，標準差為 3.8 分，假設每件的傳遞時間服從常態分布，試求該系統平均每件傳遞時間 μ 的 90% 信任區間，並解釋此處區間估計意義。

7-16 $\bar{x} = 25.7 \qquad n = 16$

$s = 3.8 \qquad s(\bar{x}) = 0.95$

$1 - \alpha = 0.9$

$$t\left(1-\frac{\alpha}{2}\ ;\ n-1\right)=t\left(0.95\ ;\ 15\right)=1.753$$

$\therefore \mu$ 之 90 ％信任區間

$$25.7-1.753\times0.95\leq\mu\leq25.7+1.753\times0.95$$

$$24.03\leq\mu\leq27.37$$

即我們有 90 ％的信心，傳遞時間介於 24.03 與 27.37 分之間。

7-17 設 p 表全國律師贊成各級法院隸屬司法院者的比率。茲取 16 位律師
　　　為一組隨機樣本，詢問其意見，有 14 位表示贊成，試求 p 的 90 ％
　　　信任區間，並解釋區間的意義。

7-17 $\hat{p}=\dfrac{14}{16}=\dfrac{7}{8}$　　　$n=16$

　　　$1-\alpha=0.9$　　　$\alpha=0.1$

　　　$t\left(1-\dfrac{\alpha}{2}\ ;\ n-1\right)=t\left(0.95\ ;\ 15\right)=1.753$

　　　$s\left(p\right)=\sqrt{\dfrac{\hat{p}\left(1-\hat{p}\right)}{n}}=\sqrt{\dfrac{\dfrac{7}{8}\times\dfrac{1}{8}}{16}}=0.083$

$\therefore$ p 的 90 ％信任區間

$$\dfrac{7}{8}-1.753\times0.083\leq p\leq\dfrac{7}{8}+1.753\times0.083$$

$$0.73\leq p\leq1.02$$

$$0.73\leq p\leq1$$

即在 90 ％的信心之下，贊成的律師比例在 0.73 與 1 之間。

7-18 設 p 表某儲蓄銀行新開戶者中由其他銀行轉過來者的比率。上週之
　　　內該銀行有 48 個新帳戶，其中 33 戶為由其他銀行轉過來的。假設
　　　上週這份資料可視為柏努利過程的一組隨機樣本。

(a)求 p 的 98 ％信任區間。

(b)假若由其他銀行轉過來的 33 戶中有 3 戶是剛搬到銀行附近的社
　　區的家庭，在求(a)的解有何意義嗎？試解釋之。

7-18 (a) $\hat{p} = \dfrac{33}{48} = \dfrac{11}{16}$ $n = 48$

$$s(p) = \sqrt{\dfrac{\hat{p}(1-\hat{p})}{n}} = \sqrt{\dfrac{\dfrac{11}{16} \times \dfrac{1}{16}}{48}} = 0.067$$

$1 - \alpha = 0.98$

$$Z\left(1 - \dfrac{\alpha}{2}\right) = Z(0.99) = 2.326$$

∴ p 之98％信任區間

$$\dfrac{11}{16} - 2.326 \times 0.067 \leq p \leq \dfrac{11}{16} + 2.326 \times 0.067$$

$$0.53 \leq p \leq 0.84$$

(b)若就商業競爭的角度而言，那三個家庭之所以會由其它銀行轉過來，可能是因為銀行在附近，而不是其它誘因，例如利率等因素，所以在經營的角度上，自然要考慮剔除這三戶所造成的估計誤差。

7-19 設 p 表本校夜間部學生已就職者的比率。若欲以抽樣方法以估計 p 值，希望誤差小於0.01，信任係數為95％。假設無有效方法可先行估計 p 值，則最多應調查多少位夜間部學生？

7-19 $h = 0.01$

$1 - \alpha = 0.95$

$$\therefore n = \dfrac{1}{4}\left[\dfrac{Z\left(1 - \dfrac{\alpha}{2}\right)}{h}\right]^2 = \dfrac{1}{4}\left[\dfrac{Z(0.975)}{0.01}\right]^2 = 9604$$

即應調查9604位

7-20 繼前題，後來調查2500位，其中已就職者有1,141位，試求 p 的大約99％信任區間，並解釋區間之意義。

7-20 $\hat{p} = \dfrac{1141}{2500} = 0.4564$

$$s(p) = \sqrt{\frac{\hat{p}(1-\hat{p})}{n}} = \sqrt{\frac{\frac{1141}{2500} \times \frac{1359}{2500}}{2500}} = 0.01$$

$$1 - \alpha = 0.99$$

$$Z\left(1 - \frac{\alpha}{2}\right) = 2.576$$

$\therefore$ p 之 99％信任區間

$$0.4564 - 2.576 \times 0.01 \leq p \leq 0.4564 + 2.576 \times 0.01$$

$$0.43 \leq p \leq 0.48$$

即我們有 99％的信心，夜間部學生已就職的比例在 0.43 與 0.48 之間。

7-21 有位車床工人一天之內站在工作位置的機率以 p 表之。欲以任意時間觀察數次的方式估計 p 值，希望抽樣誤差小於 0.05，信任係數為 98％，事先可預期 p 至少為 0.7。

(a)求觀察次數 n，使符合前述要求。

(b)如果事先預期 p 至少為 0.7 有誤，是否影響信任區間的精確度，試說明之。

7-21 (a) $n = 0.7 \times 0.3 \left[\dfrac{Z\left(1 - \dfrac{\alpha}{2}\right)}{h}\right]^2 = 0.21 \times \left(\dfrac{2.326}{0.05}\right)^2$

$$= 454.4 \doteqdot 455$$

(b)如果 $p(1-p) > 0.21$，則精確度會下降，

反之則增加。

7-22 繼前題，後來在任意時間觀察這位工人的工作狀況 400 次，發現有 314 次他是站在工作位置。試求 p 的 98％信任區間。

7-22 $\hat{p} = \dfrac{314}{400} = 0.785$

$$1 - \alpha = 0.98$$

$$Z\left(1-\frac{\alpha}{2}\right) = Z\left(0.99\right) = 2.326$$

$$s = \sqrt{\frac{\dfrac{314}{400} \times \dfrac{86}{400}}{400}} = 0.021$$

∴ p 之 98％信任區間

$$0.785 - 2.326 \times 0.021 \leq p \leq 0.785 + 2.326 \times 0.021$$

$$0.74 \leq p \leq 0.83$$

7-23 如果(1)羣體爲常態，n 很小，(2)羣體爲常態，n 很大，(3)羣體不是常態，n 很小，(4)羣體不是常態，n 很大，則在簡單隨機抽樣，下述各統計量是什麼機率分布的隨機變數？

(a) $\overline{X}$　(b) $\dfrac{(\overline{X} - \mu)}{\sigma(\overline{X})}$　(c) $\dfrac{(\overline{X} - \mu)}{S(\overline{X})}$

7-23

	$\overline{X}$	$\dfrac{(\overline{X} - \mu)}{\sigma(\overline{X})}$	$\dfrac{(\overline{X} - \mu)}{S(\overline{X})}$
群體常態 n 很小	常態分布	標準常態分布	t（n－1）分布
群體常態 n 很大	同上	同上	t（n－1）分布，當（n－1）大時則近似標準常態分布
群體非常態 n 很小	未知	未知	未知
群體非常態 n 很大	近似常態分布	近似標準常態分布	同左

參考表 6-5

7-24 有一位人類學家自某種族中隨機測度了 100 位成年人的身高(公分)，發現樣本平均數爲 $\overline{X} = 171.3$ 公分。如果羣體變異數爲 $\sigma^2 = 64$，試爲該種族成年人的平均身高 μ？(a)設立一個近似 95％的信任區間；

(b)設立一個近似99％的信任區間。

7-24 (a) $\bar{x} = 171.3$

$\sigma^2 = 64 \qquad \sigma = 8$

$1 - \alpha = 0.95$

$Z(0.975) = 1.960$

$\therefore \mu$ 之 95％信任區間

$171.3 - 1.960 \times 8 \le \mu \le 171.3 + 1.960 \times 8$

$155.62 \le \mu \le 186.98$

(b) $1 - \alpha = 0.99$

$Z(1 - \dfrac{\alpha}{2}) = Z(0.995) = 2.576$

$\therefore \mu$ 之 99％信任區間

$171.3 - 2.576 \times 8 \le \mu \le 171.3 + 2.576 \times 8$

$150.69 \le \mu \le 191.91$

7-25 過去一家工廠所製的汽車後視鏡中有10％的不良品，經推行一項員工福利措施後，發現隨機取出的 n = 100 個產品中祇有 y = 5 個不良品。試為新的不良品比率 p 設立一個近似 95％的信任區間。

7-25 $\hat{p} = \dfrac{5}{100} = \dfrac{1}{20}$

$s = \sqrt{\dfrac{\hat{p}(1-\hat{p})}{n}} = \sqrt{\dfrac{\dfrac{1}{20} \times \dfrac{19}{20}}{100}} = 0.022$

$1 - \alpha = 0.95$

$Z(1 - \dfrac{\alpha}{2}) = Z(0.975) = 1.960$

$\therefore p$ 之 95％信任區間

$\dfrac{1}{20} - 1.960 \times 0.022 \le p \le \dfrac{1}{20} + 1.960 \times 0.022$

$$0.00688 \le p \le 0.0931$$

7-26 一位業務經理想估計一種新品牌而且較貴的茶葉，是否能被消費者接受。經隨機訪問了 90 位喝茶的消費者，發現有 53 位比較喜歡該新品牌的茶葉。試爲喜歡新品牌的消費者所佔的比例 p，設立一個近似 95 ％ 的信任區間。

7-26 $\hat{p} = \dfrac{53}{90}$

$$s = \sqrt{\dfrac{\dfrac{53}{90} \times \dfrac{37}{90}}{90}} = 0.052$$

$$1 - \alpha = 0.95$$

$$Z\left(1 - \dfrac{\alpha}{2}\right) = Z(0.975) = 1.96$$

∴ p 之 95 ％ 信任區間

$$\dfrac{53}{90} - 1.96 \times 0.052 \le p \le \dfrac{53}{90} + 1.96 \times 0.052$$

$$0.49 \le p \le 0.69$$

7-27 自常態分布 N（μ，9）取出一個大小爲 n 的隨機樣本，設樣本平均數爲 $\overline{X}$，爲了使得 P（$\overline{X} - 1 \le \mu \le \overline{X} + 1$）$\simeq 0.90$，試決定 n 的大小。

7-27 $\sigma = \sqrt{9} = 3$

$$h = 1$$

$$1 - \alpha = 0.9$$

∴ $z\left(1 - \dfrac{\alpha}{2}\right) = Z(0.95) = 1.645$

∴ $n = \dfrac{z^2 \sigma^2}{h^2} = \dfrac{1.645^2 \times 3^2}{1^2} = 24.35 \doteqdot 25$

7-28 設 X 有一個平均數爲 μ，且變異數爲 $\sigma^2 = 10$ 的機率分布，今自其

中取出一個大小爲 n 的隨機樣本，設樣本平均數爲 $\overline{X}$。爲了使得隨機區間 $[\overline{X}-1/2, \overline{X}+1/2]$ 包含 μ 的機率近似 0.9544，試找出 n 的大小。

7-28　$\sigma^2 = 10$

$$h = \frac{1}{2}$$

$$1 - \alpha = 0.9544 \qquad \therefore 1 - \frac{\alpha}{2} = 0.9772$$

$$z(0.9772) = 2$$

$$\therefore n = \frac{z^2 \sigma^2}{h^2} = \frac{2^2 \times 10}{(\frac{1}{2})^2} = 160$$

7-29　設隨機變數 X 表示每支 A 牌香煙所含的焦油量，爲了使得 μ 的一個 95% 的信任區間爲 $[\overline{X}-0.15, \overline{X}+0.15]$，試問我們必須檢驗若干支這種品牌的香煙？假定 σ 近似 0.3。

7-29　$\sigma = 0.3$

$h = 0.15$

$1 - \alpha = 0.95$

$$z(1 - \frac{\alpha}{2}) = 1.96$$

$$\therefore n = \frac{z^2 \sigma^2}{h^2} = \frac{1.96^2 \times 0.3^2}{0.15^2} = 15.4 \doteqdot 16$$

7-30　設將一項實驗獨立試行 n 次，設 Y/n 表示成功的相對次數，其中每試行一次出現成功的機率爲 p。如果 p 是未知數，但近似 0.30，爲了使得機率 $P(Y/n - 0.03 \le p \le Y/n + 0.03)$ 近似 0.80，試決定 n 的大小。

7-30　$\hat{p} = 0.3$

$1 - \alpha = 0.8$

$$Z\left(1 - \frac{\alpha}{2}\right) = Z(0.9) = 1.282$$

$$h = 0.03$$

$$\therefore n = \hat{p}(1 - \hat{p})\left[\frac{Z\left(1 - \frac{\alpha}{2}\right)}{h}\right]^2 = 0.3 \times 0.7 \times \left(\frac{1.282}{0.03}\right)^2$$

$$= 383.5 \doteqdot 384$$

7-31 設 y／n 為 n 次柏努利試行中出現成功的相對次數觀測值，但成功的機率 p 為未知數。為了使得 p 的一個近似 90 ％的信任區間為〔y／n － 0.02 ， y／n ＋ 0.02〕，試問 n 應為若干？

7-31 $1 - \alpha = 0.9$

$$Z\left(1 - \frac{\alpha}{2}\right) = Z(0.95) = 1.645$$

$$h = 0.02$$

$$\therefore n = \frac{1}{4}\left[\frac{Z}{h}\right]^2 = \frac{1}{4}\left(\frac{1.645}{0.02}\right)^2 = 1691.3 \doteqdot 1692$$

7-32 假定 A 牌日光燈的壽命（小時）X 近似 $N(\mu_x, 784)$，B 牌日光燈的壽命 Y 近似 $N(\mu_Y, 627)$，且已知 X 和 Y 獨立。如果 n＝56 支 A 牌日光燈的一個隨機樣本產生 $\bar{y} = 988.9$ 小時，m＝57 支 B 牌日光燈的一個隨機樣本產生 $\bar{y} = 937.4$ 小時，試為 $\mu_x - \mu_Y$ 找一個 90 ％的信任區間。

7-32 ＜參考第 9 章＞

$$\bar{x} - \bar{y} = 988.9 - 937.4 = 51.5$$

$$S(x^2) = 784 \qquad n_x = 56$$

$$S(y^2) = 627 \qquad n_y = 57$$

$$\therefore S_{xy} = \sqrt{\frac{784}{56} + \frac{627}{57}} = 5$$

$$1 - \alpha = 0.90$$

$$Z\left(1 - \frac{\alpha}{2}\right) = Z(0.95) = 1.645$$

$\therefore \mu_x - \mu_y$ 之 90％信任區間

$$51.5 - 1.645 \times 5 \leq \mu_x - \mu_y \leq 51.5 + 1.645 \times 5$$

$$43.275 \leq \mu_x - \mu_y \leq 59.725$$

7-33 茲有取自甲乙兩國成年人身高的獨立隨機樣本，樣本資料如下：

$$n_1 = 50, \ \bar{x} = 173.2 \text{公分}, \ s_x = 10 \text{公分}$$

$$n_2 = 50, \ \bar{y} = 166.9 \text{公分}, \ s_Y = 8 \text{公分}$$

假定甲乙兩國成年人身高的分布均近似常態，試找出其身高羣體平均數之差 $\mu_x - \mu_Y$ 的一個 95％的信任區間。

7-33 $\bar{x} - \bar{y} = 173.2 - 166.9 = 6.3$

$$S_{xy} = \sqrt{\frac{Sx^2}{nx} + \frac{Sy^2}{ny}} = \sqrt{\frac{10^2}{50} + \frac{8^2}{50}} = 1.811$$

$1 - \alpha = 0.95$

$$Z\left(1 - \frac{\alpha}{2}\right) = Z(0.975) = 1.96$$

$\therefore \mu_x - \mu_y$ 之 95％信任區間

$$6.3 - 1.96 \times 1.811 \leq \mu_x - \mu_y \leq 6.3 + 1.96 \times 1.811$$

$$2.75 \leq \mu_x - \mu_y \leq 9.85$$

7-34 設 X_1，X_2，$\cdots$，X_9 和 Y_1，Y_2，$\cdots$，Y_{15} 分別表示取自獨立常態分布 $N(\mu_x, 21)$ 和 $N(\mu_Y, 25)$ 的隨機樣本，對應的樣本資料分別為：

110.0	122.2	117.1	114.3	114.1
125.5	121.0	118.6	119.2	

和

115.2	125.4	126.6	124.3	120.8
110.3	117.7	122.8	125.6	121.6
125.8	117.9	130.8	126.0	119.2

試爲 $\mu_x - \mu_y$ 設立一個95％的信任區間。

7-34 $\bar{x} = 118$ $S_x^2 = 21$ $nx = 9$

      $\bar{y} = 122$ $S_y^2 = 25$ $ny = 15$

$$S_p^2 = \frac{(nx-1)\ S_x^2 + (ny-1)\ S_y^2}{nx + ny - 2}$$

$$= \frac{8 \times 21 + 14 \times 25}{9 + 15 - 2}$$

$$= 23.55$$

$$S_p = 4.85$$

$$\bar{x} - \bar{y} = 118 - 122 = -4$$

$$1 - \alpha = 0.95 \quad t(1 - \frac{\alpha}{2}\ ;\ nx + ny - 2) = t(0.975\ ;\ 22)$$

$$= 2.074$$

$\therefore \mu_x - \mu_y$ 之 95％信任區間

$$-4 - 2.074 \times 4.85 \times \sqrt{\frac{1}{9} + \frac{1}{15}} \leq \mu_x - \mu_y \leq -4 + 2.074$$

$$\times\ 4.85 \sqrt{\frac{1}{9} + \frac{1}{15}}$$

$$-8.24 \leq \mu_x - \mu_y \leq 0.24$$

7-35 今自某地區隨機選出5人，給予某種處理的前後，分別測度了他們的肺活量X和Y，結果得資料如下表。設 μ_x 和 μ_y 分別表示處理前後羣體的平均肺活量，試爲 $\mu_x - \mu_y$ 設立一個 95％的信任區間。假定 $D = X - Y$ 近似常態分布。

人	肺　　　　　活　　　　　量	
	處理前（x）	處理後（y）
甲	2750	2850
乙	2360	2380
丙	2950	2930
丁	2830	2860
戊	2250	2320

7-35　$D_i = x_i - y_i$

$\therefore D_1 = -100$

$D_2 = -20$

$D_3 = 20$

$D_4 = -30$

$D_5 = -70$

$\therefore \overline{D} = \dfrac{1}{5} \sum\limits_{i=1}^{5} D_i = -40$

$\therefore S_D^2 = \dfrac{\sum\limits_{i=1}^{5} (D_i - \overline{D})^2}{n-1} = 2150$

$\therefore S_D = 46.37$

$1 - \alpha = 0.95$

$\therefore t(1 - \dfrac{\alpha}{2} ; n-1) = t(0.975 ; 4) = 2.776$

$\therefore \mu_x - \mu_y$ 的 95％信任區間

$$-40 - 2.776 \times \dfrac{46.37}{\sqrt{5}} \le \mu_x - \mu_y \le -40 + 2.776 \times \dfrac{46.37}{\sqrt{5}}$$

$$-97.57 \le \mu_x - \mu_y \le 17.57$$

7-36 有一次選取120個高中生參加時事測驗的結果，發現女生58人的平

均成績為 66.3，男生 62 人的平均成績為 64.5，而且他們的標準差分別為 3.5 和 4.1（在 5 ％的顯著水準下）。請問測驗的結果是否足以顯示男生和女生此次測驗的平均成績有差異？

(a)有 42 個男生和 36 個女生參加一次難題的解答比賽，每一個人解出的時間都加以記載。從資料中發現男生那一組的 $\overline{x} = 13.4$ 分，$s = 2.5$ 分，女生那組的 $\overline{x} = 14.2$ 分，$s = 2.4$ 分。求平均值的比較的 95 ％信任界限。

(b)參考上題。在 5 ％的顯著水準下，檢定男生和女生的平均解題時間是一樣的假說、對女生所需時間較多的假說。

7-36　5 ％的顯著水準

$\alpha = 5 \%$

$\overline{x} = 66.3 \qquad S_x^2 = 3.5^2 \qquad n_x = 58$

$\overline{y} = 64.5 \qquad S_y^2 = 4.1^2 \qquad n_y = 62$

$\overline{x} - \overline{y} = 1.8$

$s = \sqrt{\dfrac{3.5^2}{58} + \dfrac{4.1^2}{62}} = 0.6945$

$Z\left(1 - \dfrac{\alpha}{2}\right) = Z(0.975) = 1.96$

$\therefore \mu_x - \mu_y$ 的 95 ％信任區間

$\therefore 1.8 - 1.96 \times 0.6945 \leq \mu_x - \mu_y \leq 1.8 + 1.96 \times 0.6945$

$$0.4388 \leq \mu_x - \mu_y \leq 3.1612$$

因為 0 不在區間範圍內，所以測驗的平均成績有差異。

(a) $\overline{x} = 13.4 \qquad s_x = 2.5 \qquad n_x = 42$

$\overline{y} = 14.2 \qquad s_y = 2.4 \qquad n_y = 36$

$1 - \alpha = 0.95$

$Z\left(1 - \dfrac{\alpha}{2}\right) = Z(0.975) = 1.96$

$$\bar{x} - \bar{y} = -0.8 \qquad s = \sqrt{\frac{2.5^2}{42} + \frac{2.4^2}{36}} = 0.5557$$

$\mu_x - \mu_y$ 的 95％信任區間

$$-0.8 - 1.96 \times 0.5557 \le \mu_x - \mu_y \le -0.8 + 1.96 \times 0.5557$$

$$-1.89 \le \mu_x - \mu_y \le 0.29$$

(b)（I）男生和女生一樣

$$\begin{cases} H_0 : \mu_x - \mu_y = 0 \\ H_1 : \mu_x - \mu_y \ne 0 \end{cases} \qquad \begin{cases} H_0 : |Z^*| \le Z\left(1 - \dfrac{\alpha}{2}\right) \\ H_1 : |Z^*| > Z\left(1 - \dfrac{\alpha}{2}\right) \end{cases}$$

$$\alpha = 0.05$$

$$Z\left(1 - \frac{\alpha}{2}\right) = Z(0.975) = 1.96$$

$$|z^*| = \left| \frac{\bar{x} - \bar{y}}{s} \right| = \left| \frac{13.4 - 14.2}{0.5557} \right| = \left| -1.44 \right| < 1.96$$

∴男生和女生的平均解題時間是一樣的。

（II）女生所需時間較多

$$\begin{cases} H_0 : \mu_x - \mu_y \ge 0 \\ H_1 : \mu_x - \mu_y < 0 \end{cases} \begin{cases} H_0 : Z^* \ge -Z(1 - \alpha) \\ H_1 : Z^* < -Z(1 - \alpha) \end{cases}$$

$$Z(1 - \alpha) = Z(0.95) = 1.645$$

$$z^* = -1.44 > -1.645 = -Z(1 - \alpha)$$

∴女生所需時間較多的假說是錯誤的。

7-37 從標準差分別為 $\sigma_1 = 10$ 和 $\sigma_2 = 15$ 的群體中各選出 50 個樣本，即樣本平均數之差 $\bar{X} - \bar{Y}$ 如何才會有 90％的信任下界 1.36？

7-37 $1 - \alpha = 0.9$

$$Z\left(1 - \frac{\alpha}{2}\right) = Z(0.95) = 1.645$$

$$\sigma_1 = 10 \qquad \sigma_2 = 15$$

$$s = \sqrt{\frac{10^2}{50} + \frac{15^2}{50}} = 2.55$$

90%的信任下界 1.36

即 $1.36 = (\overline{X} - \overline{Y}) - 1.645 \times 2.55$

$\therefore \overline{X} - \overline{Y} = 1.36 + 1.645 \times 2.55 = 5.55$

7-38 從標準差 $\sigma = 5$ 的羣體中隨機抽取 $n = 49$ 個樣本為樣本，若計算得出 $\overline{x} = 15.2$，試求羣體平均數 μ 的 95% 信任區間。從由舊物所成的羣體中隨機取出 $n = 75$ 的樣本，結果發現其中有 25% 仍可再使用，則羣體中有 20% 至 30% 的舊物還可再用的信任度為若干？

7-38 (a) $\sigma = 5 \qquad n = 49 \qquad \overline{x} = 15.2$

$$1 - \alpha = 0.95$$

$$Z\left(1 - \frac{\alpha}{2}\right) = Z(0.975) = 1.96$$

$\therefore \mu$ 的 95% 信任區間

$$15.2 - 1.96 \times 5 \leq \mu \leq 15.2 + 1.96 \times 5$$

$$5.4 \leq \mu \leq 25$$

(b) $\hat{p} = \dfrac{1}{4}$

$$\sigma = \sqrt{\frac{\hat{p}(1 - \hat{p})}{n}} = \sqrt{\frac{\frac{1}{4} \times \frac{3}{4}}{75}} = \frac{1}{20}$$

20% 至 30% 的舊物還可用

即 $\dfrac{1}{5} < \mu \leq \dfrac{3}{10}$

$$\therefore \frac{1}{2}\left(\frac{3}{10} - \frac{1}{5}\right) = Z\sigma = \frac{1}{20} \times Z$$

$$\therefore Z = 1$$

$$1 - \frac{\alpha}{2} = 0.8413$$

$$\alpha = 0.3174$$

$\therefore$ 信任度（ $1 - \alpha$ ）$\times$ 100 ％ ＝ 68.26 ％

第八章　假說檢定

8-1　某地方法院正在審理一椿案件，一個人被指控為有偷竊嫌疑。在定讞之前，該嫌疑犯是無罪的，因此我們要對對立假設 H_1：該嫌疑犯有罪，檢定虛無假設 H_0：該嫌疑犯無罪。試問這個檢定中的型 I 過誤是什麼？型 II 過誤是什麼？

8-1　型 I 過誤：該嫌犯無罪，但却判該嫌犯有罪。

　　型 II 過誤：該嫌犯有罪，但判該嫌犯無罪。

8-2　世華公司負責人要求一位醫師為公司的一位經理作體檢，以檢定虛無假設 H_0：該經理可以勝任更重的工作負擔。試說明這個檢定中的型 I 過誤和型 II 過誤各為何。

8-2　型 I 過誤：該經理可勝任更重之工作負擔，却因體檢而認為無法勝任。

　　型 II 過誤：該經理無法勝任更重之工作負擔，却因體檢而認為其可勝任。

8-3　我們決定根據一個大小為 $n = 100$ 的隨機樣本，以樣本平均數 $\overline{X}$ 對對立假設 H_1：$\mu = 50$，檢定虛無假設 H_0：$\mu = 60$。茲決定若 $\overline{x} < 54$ 則拒絕 H_0；反之則不拒絕 H_0。假定 $\sigma = 25$，且 X 為常態分布，試計算犯型 I 過誤的機率 α 和犯型 II 過誤的機率 β，並予以圖示。

8-3　$n = 100$　　$\sigma = 25$

H_0：$\mu = 60$

H_1：$\mu = 50$

若 $\overline{x} < 54$ 則棄卻 H_0

$\alpha = P$（棄卻 H_0 ｜ H_0 為真）

　　$= P$（$\overline{x} < 54$ ｜ $\mu = 60$）

$Z^* = \dfrac{54 - 60}{\dfrac{25}{\sqrt{100}}} = -2.4$

$\alpha = P (Z < - 2.4) = 1 - 0.9918 = 0.0082$

$\beta = P (接受 H_0 \mid H_1 為眞)$

$\quad = P (\overline{x} \geq 54 \mid \mu = 50)$

$$Z^* = \frac{54 - 50}{\dfrac{25}{\sqrt{100}}} = 1.6$$

$\beta = P (Z > 1.6) = 1 - 0.8554 = 0.1446$

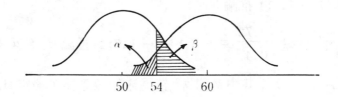

8-4　習題8-3中，如果所能接受的型 I 過誤的大小爲 $\alpha = 0.01$，檢定的結果爲何？

8-4　$\alpha = 0.01$，而吾人所求 $\alpha = 0.0082$，落於棄卻域，棄卻 H_0。

8-5　設X爲 N (μ , 4)，爲了檢定 H_0 : $\mu = 0$，我們自該分布中選出一個樣本量 n = 25 的隨機樣本，發現 $\overline{x} = - 0.72$。設顯著水準爲 $\alpha = 0.10$，我們接受或拒絕 H_0 ？

(a)用信任區間檢定。

(b)用標準化統計量檢定。

8-5　n = 25 爲小樣本　$\sigma^2 = 4$　$\sigma^2\{\overline{X}\} = \dfrac{4}{25}$　$\therefore \sigma\{\overline{X}\} = 0.4$

(a)　$\begin{cases} H_0 : \mu = 0 \\ H_1 : \mu \neq 0 \quad \alpha = 0.1 \ 管制於 \ \mu = 0 \end{cases}$

$\quad c_1 = 0 - Z (1 - \dfrac{\alpha}{2} ; n - 1) \cdot \sigma\{\overline{X}\} = -Z (0.95 ; 24) \cdot 0.4$

$\quad\quad = - 0.68$

$\quad c_2 = 0 + 1.711 \times 0.4 = 0.68$

若 $\begin{cases} c_1 \leqslant \overline{X} \leqslant c_2 \ \text{推論} H_0 \\ c_1 > \overline{X} \ \text{or} \ \overline{X} > c_2 \ \text{推論} H_1 \end{cases}$

$\overline{x} = -0.72 \leqslant c_1$ ∴推論 H_1 : $\mu \neq 0$

(b) $\begin{cases} H_0 : \mu = 0 \\ H_1 : \mu \neq 0 \quad \alpha = 0.1 \ \text{管制於} \ \mu = 0 \end{cases}$

若 $\begin{cases} |t^*| \leqslant t(1 - \dfrac{\alpha}{2} ; n-1) = t(0.95 ; 24) = 1.711 \\ \qquad\qquad\qquad\qquad\qquad\qquad\qquad \text{推論} H_0 \\ |t^*| > 1.711 \ \text{推論} H_1 \end{cases}$

$t^* = \dfrac{\overline{x} - \mu}{\sigma\{\overline{X}\}} = \dfrac{-0.72}{0.4} = -1.8 < -1.711$ 推論 H_1 : $\mu \neq 0$

8-6 設 X 爲 N(μ, σ^2)，其中 μ 和 σ^2 皆爲未知數。爲了檢定 H_0 : $\mu = 75$，我們自該分布中取出了一個大小爲 n = 65 的隨機樣本，發現 $\overline{x} = 71.2$，且 s = 12.8。在 5% 的顯著水準下，我們是否拒絕 H_0 ？

〔提示〕用常態近似值解題。

8-6 $\begin{cases} H_0 : \mu = 75 \\ H_1 : \mu \neq 75 \quad \alpha = 0.05 \ \text{管制於} \ \mu = 75 \end{cases}$

若 $\begin{cases} |Z^*| \leqslant Z(1 - \dfrac{\alpha}{2}) = 1.96 \ \text{推論} H_0 \\ |Z^*| > 1.96 \quad \text{推論} H_1 \end{cases}$

$Z^* = \dfrac{\overline{x} - \mu}{s\{\overline{X}\}} = \dfrac{71.2 - 75}{\dfrac{12.8}{\sqrt{65}}} = -2.39$ 推論 H_1 即 $\mu \neq 75$

8-7 有人稱一個二項參數 p 等於 0.43，爲了檢定這句話，假定我們取得 n = 400 個獨立觀測值，發現其中恰好有一半爲成功。試問在 10% 的顯著水準下，是否拒絕 H_0 : p = 0.43 ？

〔說明〕除另有規定外，以下各題皆需分別用(a)信任區間、(b)標準化統計量、(c)原始統計量等三種方法檢定。

8-7 $\begin{cases} H_0 : p = 0.43 \\ H_1 : p \neq 0.43 \quad \alpha = 0.1 \; 管制於 \; p = 0.43 \end{cases}$

若 $\begin{cases} |Z^*| \leq 1.645 \quad 推論 \; H_0 \\ |Z^*| > 1.645 \quad 推論 \; H_1 \end{cases}$

$$\sigma\{\bar{p}\} = \sqrt{\frac{p_0(1-p_0)}{n}} = \sqrt{\frac{0.43 \times 0.57}{400}} = 0.0248$$

$$Z^* = \frac{\bar{p} - p_0}{\sigma\{\bar{p}\}} = \frac{0.5 - 0.43}{0.0248} = 2.83 \quad 推論 \; H_1 : p \neq 0.43$$

8-8 假定明仁大學學生的IQ近似常態分布 $N(\mu, 100)$，爲對單側對立假設 $H_1 : \mu > 110$，檢定虛無假設 $H_0 : \mu = 100$，我們自該分布中取出了一個大小爲 n = 16 的隨機樣本，發現 $\bar{x} = 113.5$。當顯著水準爲 10％，應否棄却 H_0？

8-8 $N(\mu, 100) \quad \alpha = 10\% \quad \bar{x} = 113.5 \quad n = 16$

(a) $\begin{cases} H_0 : \mu \leq 110 \\ H_1 : \mu > 110 \end{cases}$

$t(1-0.1, 16-1) = t(0.9, 15) = 1.341$

$s\{\bar{x}\} = \dfrac{\sqrt{100}}{\sqrt{16}} = 2.5$

$c_1 = \mu_0 - t \, s\{\bar{x}\} = 110 - 1.341 \times 2.5 = 106.65$

$c_2 = \mu_0 + t \, s\{\bar{x}\} = 110 + 1.341 \times 2.5 = 113.35$

$\because \bar{x} = 113.5 > 113.35 = c_2 \quad \therefore 棄却 \; H_0$

(b) $\begin{cases} H_0 : \mu = 100 \\ H_1 : \mu \neq 100 \end{cases}$

$t\left(1 - \dfrac{0.1}{2}, 16-1\right) = t(0.95, 15) = 1.753$

$t^* = \dfrac{113.5 - 100}{\dfrac{\sqrt{100}}{\sqrt{16}}} = 5.4$

$\because t^* > t \qquad \therefore$ 棄却 H_0

8-9 假定某種「10公克一包」的嬰兒食品的重量近似常態分布 $N(\mu, \sigma^2)$。為了對 $H_1: \mu > 10$，檢定 $H_0: \mu = 10$，取得了一個大小為 $n = 17$ 的隨機樣本，觀測得 $\bar{x} = 10.3$，且 $s = 0.4$。在 5% 的顯著水準下，應否棄却 H_0？

8-9 $n = 17 \quad \bar{x} = 10.3 \quad s = 0.4 \quad \alpha = 0.05$

(a) $\begin{cases} H_0: \mu \le 10 \\ H_1: \mu > 10 \end{cases}$

$t(1 - 0.05, 17 - 1) = t(0.95, 16) = 1.746$

$t^* = \dfrac{10.3 - 10}{\dfrac{0.4}{\sqrt{17}}} = 3.09$

$\because t^* > t \qquad \therefore$ 棄却 H_0

(b) $\begin{cases} H_0: \mu = 10 \\ H_1: \mu \ne 10 \end{cases}$

$t(1 - \dfrac{0.05}{2}, 17 - 1) = t(0.975, 16) = 2.120$

$\because t^* > t \qquad \therefore$ 棄却 H_0

8-10 某製造商稱之為公正的一顆骰子，但有人認為它有利於么點的出現。設 p 表示擲骰子時么點出現的機率，為了對 $H_1: p > \dfrac{1}{6}$，檢定 $H_0: p = \dfrac{1}{6}$，若將該骰子擲了 50 次，結果觀測到 10 個么點，試問在 5% 的顯著水準下，是否應棄却 H_0？

8-10 $\begin{cases} H_0: p = \dfrac{1}{6} \\ H_1: p > \dfrac{1}{6} \end{cases}$

$$n = 50 \quad x = 10 \quad \alpha = 0.05 \quad p_0 = \frac{1}{6}$$

(a) $c_1 = \hat{p} - Z(0.95) \times \dfrac{\sqrt{p_0(1-p_1)}}{n} = \dfrac{1}{6} - 1.645 \times \sqrt{\dfrac{\frac{1}{6} \times \frac{5}{6}}{50}}$

$$= -0.7$$

$$c_2 = \hat{p} + Z(0.95) \times \frac{\sqrt{p_2(1-p_0)}}{n} = 1.03$$

$\because \hat{p} = \dfrac{10}{50} = 0.2 \quad$ 介於 c_1，c_2 $\therefore$ 推論 H_0

(b) $z^* = \dfrac{x - np_0}{\sqrt{np_0(1-p_0)}} = \dfrac{10 - 50 \times \frac{1}{6}}{\sqrt{50 \times \frac{1}{6} \times \frac{5}{6}}} = 1.414$

$$Z(0.95) = 1.645$$

$\therefore$ 推論 H_0

8-11 試解釋「顯著水準」一詞。在固定的樣本量的統計假設檢定，以一定的顯著水準，是否可能控制 β 風險？

8-11 顯著水準：習慣上，α 值（型 I 誤差）又稱顯著水準，是我們檢定虛無假設時，拒絕 H_0 時，所可能犯的錯誤程度。

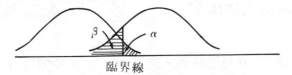

如圖：臨界綫右移，α 減少，β 增加，故可用一定的顯著水準，來控制 β 風險。

8-12 參考習題 9-13，二個相對假設爲 $H_0：\mu \leq 2.3$ 與 $H_1：\mu > 2.3$ 由 64 名顧客的訂購單得 $\bar{x} = 2.71$，$s = 1.76$

(a)顯著水準定爲 $\alpha = 0.05$，試檢定之。

(b)如果事實每位顧客平均訂購量爲 $\mu = 3.2$，但依據樣本資料，判定此項商品稱不上受歡迎，其風險爲若干？

8-12 (a) $\begin{cases} H_0 : \mu \le 2.3 \\ H_1 : \mu > 2.3 \end{cases}$ $\alpha = 0.05$ 控制於 $\mu = 2.3$

若 $\begin{cases} |Z^*| \le 1.645 & \text{推論}H_0 \\ |Z^*| > 1.645 & \text{推論}H_1 \end{cases}$

$$z^* = \frac{(2.71 - 2.3)}{\frac{1.76}{\sqrt{64}}} = 1.86 > 1.645 \quad \text{推論} H_1 : \mu > 2.3$$

(b)為 β 風險於 $\mu = 3.2$ 又知 $C = 2.3 + \dfrac{1.76}{\sqrt{64}} \times 1.86$

$$\frac{2.7 - 3.2}{\frac{1.76}{\sqrt{64}}} = -2.27 \quad Z(a) = 2.27 \quad a = 0.9884$$

$$\beta = 1 - a = 0.0116$$

8-13 最近有一家製藥廠發展出一種治療失眠的新藥品，該廠負責人主張
說該新藥品至少可以治癒 80% 的失眠患者，經過臨床實驗，研究人
員發現其主張有誇大的嫌疑。爲了反駁負責人的主張，他隨機徵得
了 200 位失眠患者的同意而用新藥品予以治療，結果發現治癒的人
數爲 146 人。試設立有關的虛無假設和對立假設，並計算虛無假設
H_0 的偵測值。應否棄卻 H_0？

8-13 $\begin{cases} H_0 = p \ge 0.8 \\ H_1 = p < 0.8 \end{cases}$ p 爲治癒病人之比例 α 控制於 $p = 0.8$

$n = 200$ $x = 146$ $\alpha = 0.05$

$$z^* = \frac{x - np_0}{\sqrt{np_0(1-p_0)}} = \frac{146 - 200 \times 0.8}{\sqrt{200 \times 0.8(1-0.8)}} = \frac{146 - 160}{\sqrt{32}} = -2.47$$

$Z = Z(0.05) = -1.645$

$\begin{cases} Z^* \ge Z(\alpha) & H_0 \text{成立} \\ Z^* < Z(\alpha) & H_1 \text{成立} \end{cases}$

$\because Z^* < Z$ $\therefore H_1$ 成立，即在 0.05 的顯著水準下，其可治癒者，

8-14 某軍事學校的一位教官認為魯東軍火廠所製槍彈的平均初速不能達到每秒 3,000 公尺，經用 8 顆槍彈實驗結果，發現 $\bar{x} = 2,959$，$s = 39.1$。假定槍彈的初速近似常態，為了對對立假設 H_1：$\mu < 3,000$，檢定虛無假設 H_0：$\mu = 3,000$，試計算 H_0 的偵測值。

8-14 $\begin{cases} H_0 : \mu = 3000 \\ H_1 : \mu \neq 3000 \end{cases}$

$\bar{x} = 2959$　　$s = 39.1$　　$n = 8$　　$\alpha = 0.05$

$\begin{cases} |t^*| \leq t & \text{推論 } H_0 \\ |t^*| > t & \text{推論 } H_1 \end{cases}$

$t = t\left(1 - \dfrac{\alpha}{2} ; n-1\right) = t(0.975 ; 7) = 2.365$

$|t^*| = \left| \dfrac{\bar{x} - \mu}{\dfrac{s}{\sqrt{n}}} \right| = \left| \dfrac{2959 - 3000}{\dfrac{39.1}{\sqrt{8}}} \right| = 2.97$

$\because |t^*| > t$　$\therefore$ 推論 H_1

8-15 有一位營養專家認為健功地區的學前兒童中至少有 75 ％ 的人營養不良。為了檢定該專家的主張，有人隨機訪問了 300 位學前兒童，結果發現有 206 位營養不良。試對對立假設 H_1：$p < 0.75$，檢定虛無假設 H_0：$p = 0.75$。設 $\alpha = 0.05$。

8-15 $\begin{cases} H_0 : p = 0.75 \\ H_1 : p \neq 0.75 \end{cases}$

$n = 300$　　$x = 206$　　$\alpha = 0.05$

$\begin{cases} |Z^*| \leq Z\left(1 - \dfrac{\alpha}{2}\right) & \text{推論 } H_0 \\ \\ |Z^*| > Z\left(1 - \dfrac{\alpha}{2}\right) & \text{推論 } H_1 \end{cases}$

$Z\left(1 - \dfrac{\alpha}{2}\right) = Z(0.975) = 1.96$

$$| z^* | = | \frac{x - np_0}{\sqrt{np_0(1-p_0)}} | = | \frac{206 - 300 \times 0.75}{\sqrt{300 \times 0.75 \times 0.25}} | = 2.53$$

$\because | z^* | > Z(1 - \frac{\alpha}{2})$ $\therefore$ 推論 H_1: 即至少有 75 %的人營養不良

8-16 立功營造廠的經理認為他所購得的磚塊的品質愈來愈差。根據過去
的經驗，已知每塊磚平均可以承受 180 公斤的壓力，經檢驗 100 塊
磚，測得每塊磚只能承受 178 公斤的壓力，且標準差為 9 公斤：

(a)設立適當的虛無假設 H_0 和對立假設 H_1；

(b)檢定的結果是否應棄卻 H_0？設 $\alpha = 0.05$。

8-16 (a) H_0 ：磚塊之品質不是愈來愈差〔 p（壓力）$\geq$ 180 〕

H_1 ：磚塊之品質愈來愈差（ p $<$ 180 ）

(b) $\alpha = 0.05$

若 $\begin{cases} Z^* \geq -1.645 & 結論 H_0 \\ Z^* < -1.645 & 結論 H_1 \end{cases}$

$$z^* = \frac{178 - 180}{\frac{9}{\sqrt{100}}} = -2.22 < -1.645$$

$\therefore$ 結論 H_1：有 95 %的信心，磚塊之品質變差

8-17 據稱某種罐裝潤滑劑平均重量為 10 公克,但實驗者懷疑其真實性。
經隨機檢驗 9 罐這種潤滑劑，測得其重量分別為 10.2, 9.7, 10.1,
10.3, 10.1, 9.8, 9.9, 10.4 和 10.3 公克。假定每罐潤滑劑重量的
分布近似常態：

(a)設立適當的虛無假設 H_0 和對立假設 H_1；

(b)計算給定樣本資料的樣本平均 $\bar{x}$ 和樣本變異數 s^2；

(c)檢定的結果是否應棄卻 H_0？設 $\alpha = 0.01$。

8-17 (a) $\begin{cases} H_0 ：重量 = 10\,g \\ H_1 ：重量 \neq 10\,g \end{cases}$

(b)由計算得 $\bar{x} = 10.089$

$s^2 = 0.586$

(c) $\alpha = 0.01$

若 $\begin{cases} |\, t^* \,| \leqslant t\,(\,0.995 \,;\, 9-1\,) = 3.355 & \text{結論}H_0 \\ |\, t^* \,| > 3.355 & \text{結論}H_1 \end{cases}$

$$|\, t^* \,| = \frac{10.089 - 10}{\dfrac{0.2421}{\sqrt{9}}} = 1.028 < 3.355 \quad \text{結論}H_0$$

即結論：有 99 ％的信心其平均重量爲 10 公克

8-18 出國回來的觀光客必須申報他們帶回來的物品的價值，海關官員想
知道申報誤差平均值是否爲負的（申報值與實際值之差，稱爲申報
誤差），抽查若干觀光客，除非有充分的證據，避免做出申報值低
報的結論。試以 $\alpha = 0.001$ 爲顯著水準檢定之。抽查 100 位觀光客，
得 $\bar{x} = -10.6$ ， $s = 15.84$,結論如何？這時 μ 表所有觀光客申報
誤差的平均數。

8-18 $\begin{cases} H_0 : \mu \geqslant 0 \\ H_1 : \mu < 0 \end{cases}$

若 $\begin{cases} Z^* \geqslant -3.09 & \text{結論}H_0 \\ Z^* < -3.09 & \text{結論}H_1 \end{cases}$

$$z^* = \frac{-10.6 - 0}{\dfrac{15.84}{\sqrt{100}}} = -6.69 < -3.09 \quad \therefore \text{結論}H_1$$

有 99.9 ％的信心，申報誤差之平均值爲負

8-19 買賣雙方在成交一大批鍋爐之前，先得抽樣檢驗。規格的要求是，
平均熔點至少達到 320°C 。抽樣數由下述情況決定：若 $\mu = 320°C$,
賣方希望被退貨的機率只能是 0.01 ，若 $\mu = 300°C$,買方接受這批
貨的機率必須低至 0.001 。

(a)估計 $\sigma = 22°C$ ，試決定樣本量 n 。

(b)按(a)的樣本數取得一組樣本，得 $\bar{x} = 311°C$ ， $s = 18.6°C$ ，試
問這批貨允收或拒收。

(c)假設每個鍋爐的熔點近似服從常態分布，試依照(b)的資料，估計熔點小於 320°C 的鍋爐的百分比。

8-19

(a) $\begin{cases} \dfrac{c-320}{\dfrac{22}{\sqrt{n}}} = -2.326 \\[4mm] \dfrac{c-300}{\dfrac{22}{\sqrt{n}}} = 3.090 \end{cases}$

$\Rightarrow (320 - 300) = \dfrac{22}{\sqrt{n}} (3.090 + 2.326) \quad \therefore \sqrt{n} = 5.9576$

$$\therefore n = 35$$

(b) $\begin{cases} H_0 : \mu \geqslant 320 \\ H_1 : \mu < 320 \end{cases}$

令 $\alpha = 0.01$

若 $\begin{cases} Z^* \geqslant -2.326 & 結論 H_0 \\ Z^* < -2.326 & 結論 H_1 \end{cases}$

$z^* = \dfrac{311 - 320}{\dfrac{18.6}{\sqrt{35}}} = -2.86 < -2.326 \quad \therefore 結論 H_1$

有 99% 的信心其溫度小於 320 ℃

(c) $z^* = \dfrac{320 - 310}{\dfrac{18.6}{\sqrt{35}}}$

$\therefore$ 有 0.9979 即 99.79% 之熔點小於 320°C

8-20 從某公司上個會計年度的所有銷貨發票分析，得每張發票平均毛利為 $ 16.40 。就本會計年度言，欲以一組銷貨發票的隨機樣本，瞭解這項平均毛利是否與去年有所改變。

(a)寫出 H_0 與 H_1 ，並描述型 I 與型 II 過誤所指何事？

(b)取 225 張發票為樣本，定棄卻域為 C = { $\bar{x}$; $\bar{x}$ < 14.60 或 $\bar{x}$ > 18.20 }，從過去的經驗，可以認為今年發票毛利的標準差 σ = 18，試求 μ = 13，15.2，16.4，17.6 與 19.8 的檢定力，作業特性與錯誤機率。

(c)分別繪製檢定力、作業特性與錯誤曲線，並求 α 風險的最大值及 μ = 15.40 與 μ = 17.40 的 β 值。

8-20 (a) $\begin{cases} H_0 : 毛利並無改變 \\ H_1 : 毛利有所改變 \end{cases}$

$\begin{cases} 型 \text{I} 過誤：事實上無改變，但卻因統計而結論有改變 \\ 型 \text{II} 過誤：事實上有改變，但卻因統計而結論無改變 \end{cases}$

(b) c_1 = 14.6 , c_2 = 18.2 　檢定力即 P (H_1 ; μ)

μ = 13 　$\dfrac{14.6 - 13}{\dfrac{18}{\sqrt{225}}}$ = 1.33 $\Rightarrow$ p = 0.9082

μ = 15.2 　$\dfrac{14.6 - 15.2}{\dfrac{18}{\sqrt{225}}}$ = -0.5 , $\dfrac{18.2 - 15.2}{\dfrac{18}{\sqrt{225}}}$ = 2.5

$\Rightarrow$ p = 2 $-$ 0.6915 $-$ 0.9938 = 0.3147

μ = 16.4 　$\dfrac{14.6 - 16.4}{\dfrac{18}{\sqrt{225}}}$ = -1.5 , $\dfrac{18.2 - 16.4}{\dfrac{18}{\sqrt{225}}}$ = 1.5

$\Rightarrow$ p = 2 $-$ 2 × 0.9332 = 0.1336

μ = 17.6 　$\dfrac{14.6 - 17.6}{\dfrac{18}{225}}$ = -2.5 , $\dfrac{18.2 - 17.6}{\dfrac{18}{\sqrt{225}}}$ = 0.5

$\Rightarrow$ p = 0.3147

μ = 19.8 　$\dfrac{18.2 - 19.8}{\dfrac{18}{\sqrt{225}}}$ = -1.33 $\Rightarrow$ p = 0.9082

(c)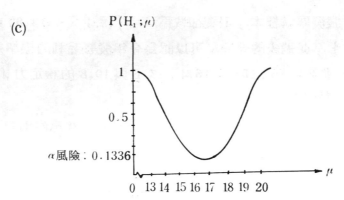

$P(H_1 ; \mu)$

α風險：0.1336

α 風險唯一存在於最低點為 0.1336

且 $\mu = 15.4$　　其 β 風險 $= 0.7387$

因 $\dfrac{14.6 - 15.4}{\dfrac{18}{\sqrt{225}}} = -0.667$

$\dfrac{18.2 - 15.4}{\dfrac{18}{\sqrt{225}}} = 2.33$

$\Rightarrow \beta$ 風險 $= 1 - p (H_1 ; \mu)$

$\qquad = 1 - [2 - 0.7486 - 0.9901] = 0.7387$

若 $\mu = 17.4$

$\dfrac{14.6 - 17.4}{\dfrac{18}{\sqrt{225}}} = -2.33$

$\dfrac{18.2 - 17.4}{\dfrac{18}{\sqrt{225}}} = 0.67$　　$\therefore$ 其 β 風險 $= 0.7387$

8-21 繼前題，假設取 900 張發票為一組簡單隨機樣本，定棄卻域為 C =
　　 $\{ \bar{x} ; \bar{x} < 15.2$ 或 $\bar{x} < 17.6 \}$，試回答相同諸問題。

8-21 與 8-20 類似，故省略。

8-22 在往年的暑假期間交大圖書館平均每位閱者借書 8.7 冊，今年暑假

調查 225 位借書者得 $\bar{x} = 11.2$ 冊，$s = 2.3$ 冊。這項資料是否顯示今年借書情形與往年不同？試以 $\alpha = 0.05$ 檢定之。

8-22 $\begin{cases} H_0 : \mu \text{（借書量）} = 8.7 \\ H_1 : \mu \neq 8.7 \end{cases}$

若 $\begin{cases} |Z^*| \leq 1.96 & \text{結論 } H_0 \\ |Z^*| > 1.96 & \text{結論 } H_1 \end{cases}$

$$Z^* = \frac{11.2 - 8.7}{\frac{2.3}{\sqrt{225}}} = 16.3 > 1.96 \qquad \therefore \text{結論 } H_1$$

即有 95 % 的信心，今年借書的情形與往年不同

8-23 成清研究偏好風險的性格，給每一位接受試驗者一個信封，內有 100 元者的機率為 0.1，無錢者的機率為 0.9，給之前先詢問受試者最多多少錢願買這個信封。由於信封內期望金額為 10 元，成清想瞭解受試者出價的平均金額 μ 是否也是 10 元。茲有 60 位受試者，得 $\bar{x} = 12.05$，$s = 2.51$，成清相信任何人的出價為一近似常態分布，試以 $\alpha = 0.05$ 檢定。

$H_0 : \mu = 10$ 對 $H_1 : \mu \neq 10$

8-23 $\begin{cases} H_0 : \mu = 10 \\ H_1 : \mu \neq 10 \end{cases}$

若 $\begin{cases} |Z^*| \leq 1.96 & \text{結論 } H_0 \\ |Z^*| > 1.96 & \text{結論 } H_1 \end{cases}$

$$z^* = \frac{12.05 - 10}{\frac{2.51}{\sqrt{60}}} = 6.33 > 1.96 \quad \text{結論 } H_1$$

即有 95 % 的信心，出價之平均金額 $\neq$ 10

8-24 27 個高品質 1000 歐姆的電阻經精確的測度結果如下：

994	1001	1002	996	999	1000	1005	999	995
1002	992	998	997	1011	1000	1003	994	1004
993	990	990	993	994	1002	1001	994	992

(a)試於 50 ％的水準下檢定電阻的羣體標準差爲 5 歐姆的假說對標準差大於 5 歐姆的假說。

(b)求上題中電阻的羣體標準差的 95 ％信任界限。

8-24 (a) $n = 27$　　$\mu = 1000$　　$\bar{x} = 997.8$　　$s = 5.12$

$$\begin{cases} H_0 : \sigma \leq 5 \\ H_1 : \sigma > 5 \end{cases}$$

$\alpha = 0.05$

$$\begin{cases} Z^* \leq Z(1 - \alpha) & \text{推論 } H_0 \\ Z^* > Z(1 - \alpha) & \text{推論 } H_1 \end{cases}$$

$Z(1 - 0.05) = Z(0.95) = 1.645$

$$z^* = \frac{5.12 - 5}{\dfrac{5.12}{\sqrt{27}}} = 0.122 \qquad \therefore \text{推論 } H_0$$

(b) $c = \mu_0 + Z(1 - \alpha)\, s(\bar{x})$

$$= 5 + 1.645 \times \frac{5.12}{\sqrt{27}} = 6.62$$

8-25 倉庫中有許多存貨，如果其中超過 80 ％者仍有利用價值，則值得付出倉儲費用。從存貨中任意取出 100 件，仔細評估其價值，以確定是否值得付出倉儲費用。定 $\alpha = 0.05$。

(a)試描述參數 p，寫出二個相對的假設 H_0 與 H_1，並說明可能的第 I 型與第 II 型過誤係指何事？

(b)決定檢定的棄卻域。

(c)在你的決策規則中，如果實際仍有利用價值者爲 90 ％，但你的結論是不值得付出倉儲費用，該項機率爲若干？

(d)假設樣本中有 85 件評估爲仍有利用價值，則結論如何？

8-25 (a)參數 p 爲倉庫存貨中可供利用之比率

$$\begin{cases} H_0 : p \leq 0.8 \\ H_1 : p > 0.8 \end{cases}$$

$$\begin{cases} \text{型 I 過誤：即倉庫中，實際上並未超過 80 ％可供利用，卻因} \\ \qquad\qquad \text{檢定而認爲超過 80 ％。} \\ \text{型 II 過誤：即倉庫中，實際上超過 80 ％可供利用，卻因檢定} \\ \qquad\qquad \text{而認爲未超過 80 ％} \end{cases}$$

(b) 若 $\begin{cases} Z^* \le 1.645 & \text{結論 } H_0 \\ Z^* > 1.645 & \text{結論 } H_1 \end{cases}$

$$\frac{\overline{p} - 0.8}{\sqrt{\dfrac{0.2 - 0.8}{100}}} > 1.645 \quad \overline{p} > 0.87 \longrightarrow \text{結論 } H_1 \text{ 棄卻 } H_0$$

(c) $\dfrac{0.87 - 0.9}{\sqrt{\dfrac{0.9 \times 0.1}{100}}} = -1 \quad \therefore \text{其機率爲 } 1 - 0.8413 = 0.1587$

(d) $\dfrac{0.85 - 0.8}{\sqrt{\dfrac{0.8 \times 0.2}{100}}} = 1.25 \le 1.645 \quad \therefore \text{結論 } H_0$

即有 95 ％的信心其中未有 80 ％之存貨可供利用，所以不值得付倉儲費用

8-26 參考前題，先不決定抽查存貨多少件，但是要求 $p = 0.8$ 時，$\alpha = 0.05$ 及 $p = 0.9$ 時的 $\beta = 0.05$ 。

(a)求應抽查存貨的件數。

(b)依(a)決定的樣本量，寫出適當的棄卻域。

8-26 (a)
$$\begin{cases} A - 0.8 = 1.645 \times \sqrt{\dfrac{0.8 \times 0.2}{n}} \\ A - 0.9 = -1.645 \times \sqrt{\dfrac{0.9 \times 0.1}{n}} \end{cases}$$

$$\Rightarrow \quad 0.1 = 1.645 \times \frac{1}{\sqrt{n}} \left[\sqrt{0.8 \times 0.2} + \sqrt{0.9 \times 0.1} \right]$$

$$\therefore n = 132$$

(b) $$\dfrac{\overline{p}-0.8}{\sqrt{\dfrac{0.2\times0.8}{132}}} > 1.645 \Rightarrow \overline{p} > 0.857 \quad 棄卻\ H_0$$

8-27 就美國全國而言，離婚的夫婦，其無子女者的比率爲 0.41 ，在某一州，調查 1000 對離婚夫婦，其無子女者有 437 對，試以 0.01 爲顯著水準，檢定該州此項比率是否與全國的比率相等。

8-27 $\begin{cases} H_0 : p = 0.41 \\ H_1 : p \ne 0.41 \end{cases}$ p 爲離婚率　α 風險 $= 0.01$　被控制於 p $= 0.41$

若 $\begin{cases} |Z^*| \le 2.576 & 結論\ H_0 \\ |Z^*| > 2.576 & 結論\ H_1 \end{cases}$

$$\dfrac{0.437-0.41}{\sqrt{\dfrac{0.41\times0.59}{1000}}} = 1.736 \le 2.576 \quad \therefore 結論\ H_0$$

即有 99 % 的信心此州之離婚率與全國相同

8-28 在大選中令 p 表支持藍黨者的比率。大選之前擬舉辦民意測驗以檢定 H_0 ： $p \ge 0.5$ 對 H_1 ： $p < 0.5$ ，定 p $= 0.5$ 時之 $\alpha = 0.01$ ，p $= 0.45$ 時 $\beta = 0.01$ 。

(a) 這項民意測驗應調查多少位選民？

(b) 在你的決策規則中，當 p $= 0.49$ 時肯定 H_0 的機率爲多少？

(c) 依(a)的樣本數，若取得 $\overline{p} = 0.463$ ，則結論如何？

(d) 據(c)的資料，求 p 的 99 % 上限信任區間

8-28 $\begin{cases} H_0 : p \ge 0.5 \\ H_1 : p < 0.5 \end{cases}$

(a) $\begin{cases} A - 0.5 = -2.326 \times \sqrt{\dfrac{0.5\times0.5}{n}} \\ A - 0.45 = 2.326 \times \sqrt{\dfrac{0.45\times0.55}{n}} \end{cases}$

$$\Rightarrow \quad 0.05 = \frac{2.326}{\sqrt{n}} \times [\ 0.5 + \sqrt{0.45 \times 0.55} \ ]$$

$$\therefore \quad n = 2153 \ \text{位選民}$$

(b)由(a)

若 $\begin{cases} \overline{p} \geq 0.475 & \text{結論 } H_0 \\ \overline{p} < 0.475 & \text{結論 } H_1 \end{cases}$

$$\frac{0.475 - 0.49}{\sqrt{\dfrac{0.49 \times 0.51}{2153}}} = -1.39 \qquad \therefore \ \text{肯定} H_0 \ \text{之機率爲} \ 0.9177$$

(c) $0.463 < 0.475$ $\therefore$ 結論 H_1 即有 99％的信心 $p < 0.5$

(d) $\overline{p} = 0.463$ $\qquad S\{\overline{p}\} = \sqrt{\dfrac{0.463 \times 0.537}{2153 - 1}} = 0.01075$

$$\Rightarrow \quad 0.463 + 2.326 \times 0.01075 \quad \text{即爲其 99％之上限信任區間}$$

故其上限信任區間爲 0.488，即有 99％之信心 $p \leq 0.488$

8-29 在檢定羣體平均數 μ 時，需估計 $\sigma(\overline{X})$ 之值，但是在檢定羣體比率 p 時，則無需估計 $\sigma(\overline{p})$，爲什麼？

8-29 因羣體之 σ 隨著所假定之羣體比例（即 p）而定，即 $\sigma(p)$，故不須再求 $\sigma(\overline{p})$。

8-30 精準工廠出品的高級電子錶中選出 17 只來檢定它們的準確性。讓它們走 12 小時後再和標準時刻比較。下表爲各錶較標準時刻快（正）或慢（負）的秒數：

電子錶	1	2	3	4	5	6	7	8	9	10	11	12	13	14	15	16	17
誤 差	+4	-2	+1	-5	0	+3	-2	-1	+5	-30	-6	-3	-2	+2	-1	+1	0

在 5％水準下檢定電子錶的羣體都是準時的假說。

8-30 $\begin{cases} H_0 : \mu = 0 \\ H_1 : \mu \neq 0 \end{cases}$

$\alpha = 0.05 \qquad n = 17 \qquad \overline{x} = -2.12 \qquad s = 7.76$

$$\begin{cases} \mid t^* \mid \le t\left(1-\dfrac{\alpha}{2}\;;\;n-1\right) & H_0 \text{ 成立} \\[2mm] \mid t^* \mid > t\left(1-\dfrac{\alpha}{2}\;;\;n-1\right) & H_1 \text{ 成立} \end{cases}$$

$$t\left(1-\frac{\alpha}{2}\;;\;n-1\right)=t\left(0.975\;;\;16\right)=2.120$$

$$\mid t^* \mid = \left| \frac{-2.12-0}{\dfrac{7.76}{\sqrt{17}}} \right| = 1.13$$

∵ $t^* < t$ ∴ H_0 成立，即電子錶是準時的

8-31 下列的表是由 48 個觀察值所組成，其數據表示每 100 毫升的血漿中所含血紅素的毫克數。檢定該樣本來自的羣體的平均數爲每 100 毫升含 1 毫克的假說對每 100 毫升 $\mu > 1.0$ 毫克的假說（令 $\alpha = 0.05$）。

0.95 1.03 1.05 0.85 0.97 1.37 1.01 0.61 0.88 1.13 1.10 1.66
0.77 1.15 0.82 1.23 0.98 1.12 0.91 1.03 1.09 1.40 0.91 0.65
1.00 0.74 1.07 1.20 0.72 1.48 1.14 1.31 1.82 1.08 1.25 1.22
0.67 0.99 1.71 1.06 1.21 1.10 1.11 0.52 1.54 0.96 1.11 0.97

8-31 $n = 48$ $\alpha = 0.05$ $\overline{x} = 1.08$ $s = 0.27$

$$\begin{cases} H_0 : \mu \le 1.0 \\ H_1 : \mu > 1.0 \end{cases}$$

$$\begin{cases} Z^* \le Z(1-\alpha) & \text{推論 } H_0 \\ Z^* > Z(1-\alpha) & \text{推論 } H_1 \end{cases}$$

∴ $Z(1-\alpha) = Z(0.95) = 1.645$

$$z^* = \frac{1.08-1}{\dfrac{0.27}{\sqrt{48}}} = 2.05$$

∵ $z^* > Z$ ∴ 推論 H_1

8-32　立羣公司爲進口代理商，在一次採購一批大宗的大拍賣貨物時，王
　　　經理懷疑該批貨物可能損壞的比率過高。因此決定除非損壞物件的
　　　比率不高於 4％，否則就不購入該批貨物。他從貨物中隨機取出
　　　100 件，發現有 7 件是壞的。

(a)試以 $\alpha = 0.1$，檢定 $p = 0.04$ 的假說。

(b)在上題中若所取出的 100 件貨物中至多可有幾件是壞的才能使虛
　　無假說不被棄卻？若樣本爲 400 時又如何呢？這裏我們假設兩種
　　情形都取 $\alpha = 0.10$。

8-32　(a) $\begin{cases} H_0 : & p = 0.04 \\ H_1 : & p \neq 0.04 \end{cases}$ 　　α 風險 $= 0.1$ 　　被控制於 $p = 0.04$

　　　若 $\begin{cases} |Z^*| \leq 1.645 & \text{結論 } H_0 \\ |Z^*| > 1.645 & \text{結論 } H_1 \end{cases}$

$$Z^* = \frac{0.07 - 0.04}{\sqrt{\dfrac{0.04 \times 0.96}{100}}} = 1.53 \leq 1.645 \qquad \text{結論 } H_0$$

(b)須使 $Z^* \leq 1.645$ 　即 $\dfrac{\overline{p} - 0.04}{\sqrt{\dfrac{0.04 \times 0.96}{100}}} \leq 1.645$

$\overline{p} \leq 0.072$ 　　∴ 至多可爲 7 個

若樣本爲 400 時 　$\dfrac{\overline{p} - 0.04}{\sqrt{\dfrac{0.04 \times 0.96}{400}}} \leq 1.645$ 　$\overline{p} \leq 0.0561$

$0.0561 \times 400 = 22.44$ 　　故至多可爲 22 個

第九章　二群體的比較

9-1　前三十年美國北方城市每年落雪量平均爲 234 公分，標準差爲 64
　　公分。其後三十年，每年平均落雪量爲 264 公分，標準差爲 65 公

分。假設這二期資料係二組獨立的隨機樣本，各取自三十年爲期的美北城市落雪量的羣體（注意，羣體城市眞正的落雪量根本無法搜集）。前三十年的眞正平均落雪量以 μ_2 表之，其後三十年的眞正平均落雪量以 μ_1 表之。求 $\mu_1 - \mu_2$ 的 95％信任區間。

9-1

$$S^2 \{ \overline{Y} - \overline{x} \} = S^2 \{ \overline{Y} \} + S^2 \{ \overline{x} \} = \frac{64^2}{30} + \frac{65^2}{30}$$

$$\therefore \quad S \{ \overline{Y} - \overline{x} \} = 16.65$$

$\mu_1 - \mu_2$ 之 95％信任區間爲　　（ 264 － 234 ）± 1.96 × 16.65

爲　－ 2.6 ～ 62.6

有 95％信心 $\mu_1 - \mu_2$ 落於 － 2.6 ～ 62.6

9-2 繼前題，試以 $\alpha = 0.05$ ，檢定二期平均落雪量是否相等。

9-2
$$\begin{cases} H_0 : \mu_2 = \mu_1 \\ H_1 : \mu_2 \neq \mu_1 \end{cases} \quad \alpha = 0.05 \quad 被控制於 \ \mu_2 = \mu_1 \quad 即 \ \mu_1 - \mu_2 = 0$$

$$\frac{(264 - 234) - 0}{16.65} = 1.80$$

若 $\begin{cases} | Z^* | \leq 1.96 \quad 結論 \ H_0 \\ | Z^* | > 1.96 \quad 結論 \ H_1 \end{cases}$ 　　故結論 H_0

即有 95％的信心，二期之平均落雪量相等。

9-3 欲分析汽車製造業與建築業發生罷工時，其罷工平均天數是否相同，以瞭解這兩種行業的困難是否相同。爲使得每次發生罷工時停工天數接近常態且具有相同變方，決定將停工天數取常用對數，得下述樣本資料：

行　業　別	罷 工 次 數	停工天數對數 平 均 值	停工天數對數 標 準 差
汽車製造業	14	0.593	0.294
建　築　業	18	0.873	0.349

這兩組資料可視爲獨立隨機變數。試求這兩種行業因罷工而停工天

數對數平均值之差的 90 ％ 信任區間。該區間的上下限取對數後代表什麼意義。

9-3 $\begin{cases} n_1 = 14 & \mu_1 = 0.593 & S_1 = 0.294 \\ n_2 = 18 & \mu_2 = 0.873 & S_2 = 0.349 \end{cases}$

先求　$S_c{}^2 = \dfrac{(n_1 - 1)S_1{}^2 + (n_2 - 1)S_2{}^2}{(n_1 - 1) + (n_2 - 1)}$

$\qquad = \dfrac{13 \cdot 0.294^2 + 17 \cdot 0.349^2}{14 + 18 - 2} = 0.1065$

$S^2\{\overline{Y} - \overline{x}\} = S^2\{\overline{Y}\} + S^2\{\overline{x}\} = \dfrac{S_c{}^2}{n_2} + \dfrac{S_c{}^2}{n_1}$

$\qquad = S_c{}^2 \left[\dfrac{1}{n_2} + \dfrac{1}{n_1} \right] = 0.0135$

$\therefore \ S\{\overline{Y} - \overline{x}\} = 0.116$

其 90 ％ 之信任區間於 （ 0.873 − 0.593 ）± 1.697 × 0.116

爲　0.083 ～ 0.477

表示有 90 ％的信心罷工天數對數平均之差落於 0.083 ～ 0.477 。

9-4 繼前題，取 $\alpha = 0.05$ 檢定這二種行業因罷工而停工天數對數平均值是否相同。

9-4 $\begin{cases} H_0 : \mu_1 = \mu_2 \\ H_1 : \mu_1 \neq \mu_2 \end{cases}$ $\alpha = 0.05$ 被控制於 $\mu_1 = \mu_2$

若 $\begin{cases} |Z^*| \leq 1.96 & 結論 H_0 \\ |Z^*| > 1.96 & 結論 H_1 \end{cases}$

$\qquad Z^* = \dfrac{(0.873 - 0.593) - 0}{0.116} = 2.41 > 1.96 \quad 結論 H_1$

有 95 ％的信心，其二者停工天數對數平均值並不相同。

9-5 去年二月從一個很大的社區取 300 戶爲一組簡單隨機樣本，今年二月另取 400 戶爲一組簡單隨機樣本，以估計每戶住宅電力使用量之平均值。樣本結果如下表（單位：千瓦小時）

今　　年	去　　年
$n_1 = 400$	$n_2 = 300$
$\overline{x}_1 = 1325$	$\overline{x}_2 = 1252$
$s_1 = 263$	$s_2 = 257$

(a)求這二年每戶住宅電力使用平均量之差的 95％ 信任區間，是否可認爲這二年電力使用量有所不同？如果是，變化的情形大或小呢？

(b)如果去年取到的那 300 戶人家全部包含在今年的樣本裏，則(a)所用的估計方法不算適當，爲什麼？

9-5　(a) $S^2\{\overline{Y}-\overline{x}\} = S^2\{\overline{Y}\} + S^2\{\overline{x}\} = \dfrac{S_2^2}{n_2} + \dfrac{S_1^2}{n_1}$

$$= \dfrac{257^2}{300} + \dfrac{263^2}{400} \qquad S\{\overline{Y}-\overline{x}\} = 19.83$$

95％之信任區間於（ 1252 － 1325 ）± 1.96 × 19.83

爲　 － 111.9 ～ － 34.1

由信任區間可知其差爲負區間，即表電力使用量確有不同。
其變化情形是今年比去年來得大。

(b)因吾人所欲比較的是代表全社區的電力使用量，若樣本今年與去年度重複選取，則樣本代表性會降低。

9-6　繼前題，試以 $\alpha = 0.05$ 檢定這二年每戶住宅電力使用平均量是否相同？

〔說明〕　以下各題皆需分別用(a)信任區間、(b)標準化統計量，和(c)原始統計量等三種方法檢定。

9-6　$\begin{cases} H_0 : \mu_1 = \mu_2 \\ H_1 : \mu_1 \neq \mu_2 \end{cases}$　$\alpha = 0.05$　被控制於 $\mu_1 = \mu_2$

若 $\begin{cases} |Z^*| \leq 1.96 & 結論 H_0 \\ |Z^*| > 1.96 & 結論 H_1 \end{cases}$

$$Z^* = \frac{(1252 - 1325) - 0}{19.83} = -3.68 \quad 所以結論 H_1$$

即表示有 95 ％ 的信心，二年每戶之用電使用平均量並不相同。

9-7 已知甲乙兩地學齡兒童的一項數學測驗成績 X 和 Y 分別爲 N (μ_X , σ^2) 和 N (μ_Y , σ^2) ，而且該二分配獨立。如果自甲地兒童的成績中取得一個大小爲 n = 9 的隨機樣本，得 $\overline{x}$ = 81.31 , s_x^2 = 60.76；自乙地兒童的成績中取得一個大小爲 m = 15 的隨機樣本，得 $\overline{y}$ = 78.61 , s_Y^2 = 48.24 ，設 α = 0.05 ，試對對立假設 H_1 : μ_X － μ_Y > 0 ，檢定虛無假設 H_0 : μ_X － μ_Y = 0 。

9-7 X : N (μ_X , σ^2)   Y : N (μ_Y , σ^2)

     n = 9 $\overline{x}$ = 81.31 s_x^2 = 60.76

     m = 15 $\overline{y}$ = 78.61 s_Y^2 = 48.24

α = 0.05

$$\begin{cases} H_0 : \mu_X - \mu_Y = 0 \\ H_1 : \mu_X - \mu_Y \neq 0 \end{cases}$$

    n + m = 24 ≤ 25   爲小樣本檢定

$$\therefore \quad s_p^2 = \frac{(n-1) s_x^2 + (m-1) s_Y^2}{n+m-2}$$

$$= \frac{(9-1) \, 60.76 + (15-1) \, 48.24}{9+15-2} = 52.7$$

$$\begin{cases} |t^*| \leq (t (1 - \frac{\alpha}{2}) ; n+m-2) \quad H_0 \ 成立 \\ |t^*| > (t (1 - \frac{\alpha}{2}) ; n+m-2) \quad H_1 \ 成立 \end{cases}$$

$$t (1 - \frac{\alpha}{2} ; n + m - 2) = t (0.975 ; 22) = 2.074$$

$$| t^* | = \left| \frac{(\bar{x} - \bar{y}) - (\mu_x - \mu_Y)}{s_p \sqrt{\frac{1}{n} + \frac{1}{m}}} \right|$$

$$= \left| \frac{(81.31 - 78.61)}{\sqrt{52.7} \sqrt{\frac{1}{9} + \frac{1}{15}}} \right| = 0.88$$

$\because$ $| t^* | < 2.074$ $\therefore$ H_0 成立，即兩地學童成績一樣。

9-8   設 X 為 N $(\mu_x , 16)$, Y 為 N $(\mu_Y , 25)$，且 X 和 Y 獨立。如果自 N $(\mu_x , 16)$ 取出一個大小為 $n_1 = 9$ 的隨機樣本，產生 $\bar{x} = 80.29$；自 N $(\mu_Y , 25)$ 取出一個大小為 $n_2 = 16$ 的隨機樣本，產生 $\bar{y} = 84.34$，設 $\alpha = 0.05$，試對對立假設 $H_1 : \mu_x - \mu_Y < 0$，檢定虛無假設 $H_0 : \mu_x - \mu_Y = 0$。

9-8 $\begin{cases} H_0 : \mu_x - \mu_Y = 0 \\ H_1 : \mu_x - \mu_Y \neq 0 \end{cases}$

X : N $(\mu_x , 16)$

Y : N $(\mu_Y , 25)$

$n_1 = 9$ $\bar{x} = 80.29$

$n_2 = 16$ $\bar{y} = 84.34$

$\alpha = 0.05$

$\begin{cases} | t^* | \leq t \left((1 - \frac{\alpha}{2}) ; n+m-2 \right)   H_0 \text{ 成立} \\ \\ | t^* | > t \left((1 - \frac{\alpha}{2}) ; n+m-2 \right)   H_1 \text{ 成立} \end{cases}$

$$t \left(1 - \frac{\alpha}{2} ; n + m - 2 \right) = t (0.975 ; 23) = 2.069$$

$$| t^* | = \left| \frac{(\bar{x} - \bar{y}) - (\mu_x - \mu_Y)}{\sqrt{\frac{s_x^2}{n_1} + \frac{s_Y^2}{n_2}}} \right| = \left| \frac{80.29 - 84.34}{\sqrt{\frac{16}{9} + \frac{25}{16}}} \right| = 2.22$$

$$\because \quad |t^*| > t\left(1 - \frac{\alpha}{2}; n + m - 2\right)$$

$$\therefore \quad H_1\text{ 成立，} \quad \text{即} \quad \mu_x - \mu_Y \neq 0 \text{ 。}$$

9-9　設 X 和 Y 分別表示兩所大學的學生平均每人每週花在看電視上的時間（小時）。經自每所大學分別隨機選出 8 位學生，得 X 和 Y 的觀測值如下：

x：16.7　19.2　22.0　20.5　22.5　15.5　17.2　20.7

y：24.7　21.5　19.7　17.5　22.7　23.5　13.0　19.0

假定 X 和 Y 近似獨立常態分布，且有相同的變異數為 σ^2，試對對立假設 $H_1 : \mu_x - \mu_Y \neq 0$，檢定虛無假設 $H_0 : \mu_x - \mu_Y = 0$。設 $\alpha = 0.05$。

9-9　由數據得
$$\begin{cases} n_1 = 8 & \overline{x} = 19.2875 & s_1 = 2.5787 \\ n_1 = 8 & \overline{y} = 20.2 & s_2 = 3.7777 \end{cases}$$

$$\Rightarrow \quad S_c{}^2 = \frac{(n_1 - 1)s_1{}^2 + (n_2 - 1)s_2{}^2}{(n_1 - 1) + (n_2 - 1)}$$

$$= \frac{7 \times 2.5787^2 + 7 \times 3.7777^2}{14} = 10.46$$

$$S^2\{\overline{Y} - \overline{X}\} = S^2\{\overline{Y}\} + S^2\{\overline{X}\} = \frac{S_c{}^2}{n_2} + \frac{S_c{}^2}{n_1}$$

$$= 10.46\left[\frac{1}{8} + \frac{1}{8}\right] = 2.62$$

$$\begin{cases} H_0 : \mu_x - \mu_Y = 0 \\ H_1 : \mu_x - \mu_Y \neq 0 \end{cases} \quad \alpha = 0.05 \text{ 被控制於 } \mu_x - \mu_Y = 0$$

若 $\begin{cases} |t^*| \leq t(0.975 ; 8 + 8 - 2) = 2.145 \quad \text{結論 } H_0 \\ |t^*| > 2.145 \quad \text{結論 } H_1 \end{cases}$

$$t^* = \frac{(20.2 - 19.2875) - 0}{\sqrt{2.62}} = 0.56 \leq 2.145$$

$$\therefore \quad \text{結論 } H_0$$

即有 95 % 的信心，兩所大學的學生平均每人每週看電視的時間是相同的。

9-10 今自一所師生眾多的大學裏，分別取得男教授和女教授薪資(萬元)的樣本資料如下：

男教授薪資 x	女教授薪資 y
12 , 20	9
11 , 14	12
19 , 17	8
16 , 14	10
22 , 15	16

假定 X 近似 $N(\mu_x, \sigma^2)$，Y 近似 $N(\mu_Y, \sigma^2)$，且二者獨立。設 $\alpha = 0.01$，試對對立假設 $H_1 : \mu_x - \mu_Y > 0$，檢定虛無假設 H_1： $\mu_x - \mu_Y = 0$。(＊)

＊檢定的結果如果是拒絕 H_0，並不一定表示該大學實施了差別待遇，有很多正當的理由可以說明為什麼男教授的待遇比女教授高：例如該大學的男教授的平均服務年限可能較長，擁有博士學位的可能較多等。因此，分析這類的問題時，我們應該對具有相同條件的男女教授調查他們的薪資。

9-10 $\overline{x} = 16$ $\overline{y} = 11$

$$s_1^2 = \frac{1}{10-1} \left[\sum x_i^2 - \frac{1}{10} (\sum x_i)^2 \right]$$

$$= \frac{1}{9} \left[2672 - \frac{1}{10} (25600) \right] = \frac{1}{9} (2672 - 2560)$$

$$= \frac{112}{9} = 12.4$$

$s_1 = 3.527$

$$S_2^2 = \frac{1}{5-1}\left[645 - \frac{1}{5}(3025)\right] = \frac{1}{4}(40) = 10$$

$$S_p^2 = \frac{(10-1)(12.4)-(5-1)(10)}{10+5-2}$$

$$= \frac{111.6-40}{13} = 5.50$$

$$H_0 : \mu_X = \mu_Y \qquad H_1 : \mu_X > \mu_Y$$

$$t = \frac{16-11}{2.345\sqrt{\dfrac{1}{9}+\dfrac{1}{4}}} = \frac{5}{2.345(0.6)} = \frac{5}{1.407} = 3.55$$

$$t > t(0.99, 13) = 2.65$$

故棄卻 H_0 ，即 $\mu_X > \mu_Y$ 男教授薪資高於女教授薪資。

9-11 設有傳統法和革新法兩種不同的訓練工人的方法，經實驗結果，發現用這兩種方法訓練出的工人數及其完成某項裝配工作所需時間長短的資料如下：

傳　　統　　法	革　　新　　法
$n_1 = 9$	$n_2 = 9$
$\overline{x} = 35.45$ 秒	$\overline{y} = 31.56$ 秒
$\sum\limits_{1}^{9}(x_i - \overline{x})^2 = 197.24$	$\sum\limits_{1}^{9}(y_i - \overline{y})^2 = 160.22$

假定兩種方法下工人完成某項裝配工作所需時間的長短近似獨立常態分布，且有共同但未知的變異數為 σ^2 。為了對對立假設 $H_1 : \mu_X - \mu_Y \neq 0$ ，檢定虛無假設 $H_0 : \mu_X - \mu_Y = 0$ ，計算 H_0 偵測值。又我們是否拒絕 H_0 ？設 $\alpha = 0.05$ 。

9-11 $\begin{cases} H_0 : \mu_X - \mu_Y = 0 \\ H_1 : \mu_X - \mu_Y \neq 0 \end{cases}$ $\qquad \alpha = 0.05$ 被控制於 $\mu_X - \mu_Y = 0$

若 $\begin{cases} |t^*| \leq t(0.975 ; 9+9-2) = 2.12 & 結論 H_0 \\ |t^*| > 2.12 & 結論 H_1 \end{cases}$

$$S_c^2 = \frac{(n_1-1)S_1^2 + (n_2-1)S_2^2}{n_1-1+n_2-1}$$

$$= \frac{1}{16}\left[8 \times \frac{197.24}{8} + 8 \times \frac{160.22}{8}\right] = 22.34$$

$$S^2\{\overline{Y}-\overline{X}\} = S_c^2\left[\frac{1}{9}+\frac{1}{9}\right] = 4.96$$

又 $t^* = \dfrac{(31.56-35.45)-0}{\sqrt{4.96}} = -1.74 \qquad |t^*| \leq 2.12$

$\therefore$ 結論 H_0

即有 95 % 的信心，兩種方法工作所需的時間相同。

9-12 研究某大公司的員工薪水，自二大部門各獨立取 175 位職員得薪水
資料如下：

(1)工程部門：$n_1 = 175$ ， $\overline{x}_1 = 24,212$ ， $s_1 = 6356$

(2)會計部門：$n_2 = 175$ ， $\overline{x}_2 = 22,483$ ， $s_2 = 6541$

(a)求此二部門員工薪水平均數之差的 95 % 信任區間。

(b)利用這個信任區間，可否可斷定此二部門員工薪水的平均數相同？

9-12 (a) $\begin{cases} n_1 = 175 & \overline{x}_1 = 24212 & s_1 = 6356 \\ n_2 = 175 & \overline{x}_2 = 22483 & s_2 = 6541 \end{cases}$

$$S^2\{\overline{x}_2-\overline{x}_1\} = S^2\{\overline{x}_2\} + S^2\{\overline{x}_1\} = \frac{s_2^2}{n_2} + \frac{s_1^2}{n_1}$$

$$= \frac{6356^2}{175} + \frac{6541^2}{175} = 475333.8$$

$S\{\overline{x}_2-\overline{x}_1\} = 689.4$

其 95 % 之信任區間於 $(\overline{x}_2-\overline{x}_1) \pm 1.96 \times 689.4$

為 $-3080.2 \sim -377.8$

即有 95 % 的信心，兩部門平均薪資的差為

$$- 3080.2 \sim - 377.8 \text{ （會計對工程）}$$

(b)不同；由其區間可看出工程部門的薪資大於會計部門之薪資。

9-13 參考前題，爲進一步分析，將這二部門各 175 位員工，按其年資配成對，得 175 個薪水差數，（工程部門減會計部門）平均數爲 1,729 元，標準差爲 5,383 元。

　　(a)求此二部門員工薪水平均數之差的 95 ％ 信任區間。

　　(b)此區間的長短是否較習題 10-12 (a)者爲短？

9-13 (a)其 95 ％ 的信任區間於 $1729 \pm 1.96 \times \dfrac{5383}{\sqrt{175}}$

　　爲　931.4 ～ 2526.6

　　(b)其區間比 9.12 (a)之區間來得短；因個別配對差異會比全部樣本差異來得小些

9-14 教育心理學家王教授，欲研究兩套測驗智力的方法 A 卷與 B 卷，是否有所差異，他任取 15 名學生接受測驗，成績如下：

受　試　者	1	2	3	4	5	6	7	8
A 卷成績	93	70	79	91	83	94	87	119
B 卷成績	81	103	88	85	84	103	102	111
受　試　者	9	10	11	12	13	14	15	
A 卷成績	111	95	97	73	99	108	77	
B 卷成績	114	109	123	98	124	113	80	

假設這兩種測驗成績之差數接近於常態分布。

　　(a)求差數平均值 μ_D 的 90 ％ 信任區間。

　　(b)根據前述信任區間，是否可以斷言這兩種測驗方法有所差異？

9-14 (a)由數據可求得　$\overline{x}_D = 9.46$　　$s_D = 13.47$

故 $S_{\bar{D}}\{\bar{D}\} = \dfrac{13.47}{\sqrt{15}} = 3.48$

其 90％之信任區間於 $9.46 \pm 1.645 \times 3.48$ 即 $3.74 \sim 15.18$

有 90％的信心其平均差異 μ_D 落於 $3.74 \sim 15.18$

(b)是的，因平均差異 μ_D 之區間均大於 0 表示B卷之成績比A卷高。

9-15　繼前題

(a)試以 0.10 為顯著水準，檢定 $H_0 : \mu_D = 0$ 對 $H_1 : \mu_D \neq 0$ 。

(b)在前題測驗時有七、八人先考A卷後考B卷，其餘的人則相反。

如果測驗時改為全體先考A卷再考B卷，則是否可以認為測驗成績的差異是由測驗方式的差異而來的？

9-15　(a) $\begin{cases} H_0 : \mu_D = 0 \\ H_1 : \mu_D \neq 0 \end{cases}$ $\alpha = 0.1$ 被控制於 $\mu_D = 0$

若 $\begin{cases} |\,t^*\,| \leq t\,(\,0.95\,;\,14\,) = 1.761 & 結論 H_0 \\ |\,t^*\,| > 1.761 & 結論 H_1 \end{cases}$

$t^* = \dfrac{9.46 - 0}{3.48} = 2.72 > 1.761$　結論 H_1

即有 90％的信心；二卷之成績平均差異不相同

(b)可以。

9-16　有一位財務分析家想要瞭解，證券之收益是否受到證券合同準備金減少之影響。他搜集最近 10 年來144 對證券之收益情形，任一對均含有一種預備金減少的證券。整理結果，得到收益之差數的平均值為 -0.15 百分點，標準差為 0.48 百分點。

(a)他相信準備金減少足以降低證券的收益。試以 0.01 為顯著水準，檢定他的想法是否成立。

(b)求收益差平均值的 99％上限信任區間，並解釋之。

9-16　(a) $\begin{cases} H_0 : \mu_D \geq 0 \\ H_1 : \mu_D < 0 \end{cases}$ $\alpha = 0.01$ 被控制於 $\mu_D = 0$

若 $\begin{cases} Z^* \geq -2.326 & 結論\ H_0 \\ Z^* < -2.326 & 結論\ H_1 \end{cases}$

$$Z^* = \frac{-0.15 - 0}{\dfrac{0.48}{\sqrt{144}}} = -3.75 < -2.326 \qquad 結論\ H_1$$

即有 99% 的信心表示準備金減少足以降低證券的收益

(b) 99% 之上限區間為 $-0.15 + 2.326 \times \dfrac{0.48}{\sqrt{144}} = -0.057$

即有 99% 的信心表示收益差值的平均值小於等於 -0.057 百分點

9-17 下述資料為按學位分類，商科畢業生在同一家公司服務滿二年者的人數資料。假設每一個人是否服務滿二年為一柏努利過程，令 p_1 與 p_2 分別表學士學位與碩士學位具此項特性者之比率。

學　　　位	服　務　人　數	服務滿二年人數
學　　　士	205	123
碩　　　士	50	18

(a) 求 $p_1 - p_2$ 之 99% 信任區間。

(b) 描述本題之取樣羣體。

9-17 (a) 由數據可得：

$$\begin{cases} n_1 = 205 \quad \overline{p}_1 = \dfrac{123}{205} = 0.6 \quad S_1\{\overline{p}\} = \sqrt{\dfrac{0.6 \times 0.4}{204}} \\ \qquad\qquad\qquad\qquad\qquad\qquad = \sqrt{0.0012} = 0.035 \\ n_2 = 50 \quad \overline{p}_2 = \dfrac{18}{50} = 0.36 \quad S_2\{\overline{p}\} = \sqrt{\dfrac{0.36 \times 0.64}{49}} \\ \qquad\qquad\qquad\qquad\qquad\qquad = \sqrt{0.0047} = 0.069 \end{cases}$$

$$S^2\{\overline{p}_1 - \overline{p}_2\} = S^2\{\overline{p}_1\} + S^2\{\overline{p}_2\} = 0.0012 + 0.0047$$
$$= 0.0059$$

$$S\{\overline{p_1} - \overline{p_2}\} = \sqrt{0.0059} = 0.077$$

其 99 % 之信任區間於 （ 0.6 － 0.36 ）± 2.576 × 0.077

為　0.042 ～ 0.438

即有 99 % 的信心，$p_1 － p_2$ 之落點在 0.042 － 0.438

(b)在同一家公司的商科畢業生

9-18　一位經濟學家，比較分析造紙業與電子業工廠規模大小之差異程
度，經取淨資產的對數後整理摘要如下表。這位經濟學家假設這兩
種業別淨資產對數為一常態分布

業　　別	廠商家數	淨資產常用對數之標準差
造　　紙	24	0.666348
電　　子	21	0.532696

上述資料視為二組獨立的隨機樣本。

(a)求電子業對造紙業規模差異比的 90 % 信任區間。

(b)是否可據該區間斷言此二業別淨資產對數的變異數很接近？

(c)在建立信任區間的過程，此項常態分布的假設是否屬必要？

9-18　求規模差異比即求變異數之比即 $\dfrac{\sigma_2^{\,2}}{\sigma_1^{\,2}}$ 之比值。

(a) $\dfrac{\sigma_2^{\,2}}{\sigma_1^{\,2}}$ 之 90 % 信任區間於

$$\frac{s_2^{\,2}}{s_1^{\,2}} \times F(0.05 ; n_1-1 , n_2-1) = \frac{s_2^{\,2}}{s_1^{\,2}} \times \frac{1}{F(0.95 ; n_2-1 , n_1-1)}$$

$$= \frac{0.532696^2}{0.666348^2} \times \frac{1}{2.09} = 0.3058$$

$$\frac{s_2^{\,2}}{s_1^{\,2}} \times F(0.95 ; 23 , 20) = \frac{0.532696^2}{0.666348^2} \times 2.05 = 1.3101$$

（註：F（0.95；20，23）為內插法而得）

若其 90 % 之信任區間為　0.3058 ～ 1.3101

(b)不可;因其差距由 $0.3 \sim 1.3$ 倍不等故其變異數並非很接近。

(c)是的;其假設常態分布是必要的。

9-19 繼前題,試以 **0.10** 爲顯著水準,檢定此二業別規模的變異數相等
與否的假設。

9-19

$$\begin{cases} H_0 : \dfrac{\sigma_2^2}{\sigma_1^2} = 1 \text{ (即變異數相等)} \\ \\ H_1 : \dfrac{\sigma_2^2}{\sigma_1^2} \neq 1 \end{cases} \quad \alpha = 0.1 \text{ 被控制於 } \sigma_2^2 = \sigma_1^2$$

$$若 \begin{cases} 0.49 \leq F^* \leq 2.09 & 結論 H_0 \\ F^* \leq 0.49 \text{ 或 } F^* > 2.09 & 結論 H_1 \end{cases}$$

$$因 \begin{cases} F(0.05 ; 20 , 23) = \dfrac{1}{F(0.95 ; 23 , 20)} = \dfrac{1}{2.05} = 0.49 \\ F(0.95 ; 20 , 23) = 2.09 \end{cases}$$

$$F^* = \frac{s_2^2}{s_1^2} = \frac{0.532696^2}{0.666348^2} = 0.64 \quad 在 \ 0.49 \sim 2.09 \ 之間$$

∴ 結論爲有 90 % 的信心二者規模的變異數相同。

9-21 爲了比較兩種統計教學方法的優劣,丁教授隨機將該班 24 位學生
分成兩組,施以不同教學方式,得到期末成績如下:

$$n_1 = 13 \quad \overline{x} = 74.5 \quad s_x^2 = 82.6$$
$$n_2 = 11 \quad \overline{y} = 71.8 \quad s_y^2 = 112.6$$

(a)在常態分布及 $\sigma_1^2 = \sigma_2^2$ 的假設下,試求 $\mu_1 - \mu_2$ 的 95 % 信任
區間。

(b)試求 $\dfrac{\sigma_1^2}{\sigma_2^2}$ 的 98 % 信任區間,試問(a)中的假設 $\sigma_1^2 = \sigma_2^2$ 是否合
理。

9-21 (a) $\begin{cases} n_1 = 13 \quad \overline{x} = 74.5 \quad s_x^2 = 82.6 \\ n_2 = 11 \quad \overline{y} = 71.8 \quad s_y^2 = 112.6 \end{cases}$

$$s_c{}^2 = \frac{12 \times 82.6 + 10 \times 112.6}{12 + 10} = 96.24$$

$$s^2\{\overline{x} - \overline{y}\} = \frac{96.24}{13} + \frac{96.24}{11} = 16.15$$

$$\therefore \quad s\{\overline{x} - \overline{y}\} = 4.02$$

其 95％信任區間於 （ 74.5 － 71.8 ）± 2.074 × 4.02

為 － 5.63 ～ 11.03

$\therefore$ 有 95％的信心 $\mu_1 - \mu_2$ 落於 － 5.63 ～ 11.03 。

(b)$L = F(0.01 ; 12 , 10) \quad \dfrac{s_y{}^2}{s_x{}^2} = \dfrac{1}{F(0.99 ; 10 , 12)} \times \dfrac{112.6}{82.6}$

$$= \frac{1}{4.71} (1.363) = 0.289$$

$$U = F(0.99 ; 12 , 10) \quad \frac{s_y{}^2}{s_x{}^2} = (4.3)(1.363) = 5.86$$

$$0.289 \leq \frac{\sigma_y{}^2}{\sigma_x{}^2} \leq 5.86 \quad 為 98％的信任區間$$

9-22 甲乙二高爾夫選手競技 10 天，結果如下，試檢定甲比較強（即以較少桿數完成全局）的虛無假說（ $\alpha = 0.05$ ）。

選手 ＼ 日	1	2	3	4	5	6	7	8	9	10
A	87	86	79	82	78	88	84	81	83	81
B	89	85	83	87	76	90	85	78	85	84

9-22 $D_i = Y - X$〔乙之桿數減甲之桿數〕

由數據可得 $\overline{X}_D = 1.3$ $S_D = 2.5841$ $S\{\overline{D}\} = \dfrac{S_D}{\sqrt{n}} = 0.82$

欲檢定甲比較強

即 $\begin{cases} H_0 : \mu_D \leq 0 \\ H_1 : \mu_D > 0 \end{cases}$ $\quad \alpha = 0.05$ 被控制於 $\mu_D = 0$

若 $\begin{cases} t^* \leq t(0.95 ; 9) = 1.833 \quad 結論 H_0 \\ t^* > 1.833 \quad 結論 H_1 \end{cases}$

$$t^* = \frac{1.3 - 0}{0.82} = 1.58 \leq 1.833 \quad \therefore \quad 結論 H_0$$

有 95% 的信心 $\mu_D \leq 0$ 即甲未必比較強

9-23 王工程師希望比較二種不同橫樑的支撐強度,第一種為鋼製,另一種為合金製造。各隨機抽取數根測試,施以 3000 磅壓力其彎曲度(以 0.001 吋為單位),結果如下

$$n_1 = 10 \qquad \overline{x} = 82.6 \qquad s_x{}^2 = 6.52$$
$$n_2 = 12 \qquad \overline{y} = 78.1 \qquad s_y{}^2 = 7.02$$

試計算適切的統計量,並檢定鋼樑比合金樑彎曲較大的假說($\alpha = 0.05$)。

9-23 $\begin{cases} H_0 : \mu_1 \leq \mu_2 \\ H_1 : \mu_1 > \mu_2 \end{cases}$ $\quad \alpha = 0.05$ 被控制於 $\mu_1 = \mu_2$

若 $\begin{cases} t^* \leq t(0.95 ; \min(10, 12) - 1) = 1.833 \quad 結論 H_0 \\ t^* > 1.833 \quad 結論 H_1 \end{cases}$

$$S^2\{\overline{X} - \overline{Y}\} = S^2\{\overline{X}\} + S^2\{\overline{Y}\} = \frac{6.52}{10} + \frac{7.02}{12} = 1.237$$

$$\therefore \quad S\{\overline{X} - \overline{Y}\} = 1.112$$

$$t^* = \frac{(82.6 - 78.1) - 0}{1.112} = 4.04 \quad 結論為有 95\% 的信心 ,$$

$\mu_1 > \mu_2$ 即鋼樑彎曲比合金樑大

9-24 巨力牌洗衣機製造商宣稱該公司所生產洗衣機在使用的前 5 年內的平均修理比率 p_1 比另一品牌的修理比率 p_2 為低,某消費者基金會所搜集的數據如下

$$n_1 = n_2 = 200 \qquad 若 y 表故障臺數$$

$$y_1 = 21 \quad , \quad y_2 = 37$$

試以 $\alpha = 0.05$ 檢定該製造商的說法是否成立。

9-24 由數據得 $\begin{cases} n_1 = 200 & \overline{p}_1 = 0.105 \\ n_2 = 200 & \overline{p}_2 = 0.185 \end{cases}$

$\begin{cases} H_0 : p_2 - p_1 \leq 0 \\ H_1 : p_2 - p_1 > 0 \end{cases}$ $\alpha = 0.05$ 被控制於 $p_1 = p_2$

If $\begin{cases} Z^* \leq 1.645 & 結論 H_0 \\ Z^* > 1.645 & 結論 H_1 \end{cases}$

$$\overline{p}' = \frac{200 \times 0.105 + 200 \times 0.185}{200 + 200} = 0.145$$

$$\Rightarrow \quad S\{\overline{p}_2 - \overline{p}_1\} = \sqrt{0.145 \times 0.855 \times \left[\frac{1}{200} + \frac{1}{200}\right]}$$

$$= 0.035$$

$$Z^* = \frac{(0.185 - 0.105) - 0}{0.035} = 2.29 > 1.645 \quad \therefore 結論 H_0$$

即有 95% 的信心， $p_2 > p_1$ 即平均修理比率 p_1 比 p_2 來得低

第十章　非參數程序

10-1 李欣打了 10 局保齡球，其成績分別是 280，282，287，279，278，283，280，279，280，和 283。設顯著水準為 $\alpha = 0.05$，試應用符號檢定，對對立假設 $H_1 : \zeta_{0.5} < 284$，檢定虛無假設 $H_0 : \zeta_{0.5} = 284$，其中 $\zeta_{0.5}$ 表示李欣的保齡球成績中位數。

10-1 $\begin{cases} H_0 : n = 284 \\ H_1 : n \neq 284 \end{cases}$ α 被控制於 $\alpha = 0.05$

即 $\begin{cases} H_0 : p = 0.5 \\ H_1 : p \neq 0.5 \end{cases}$ $p = p(x_i > 50)$

$$\text{若} \begin{cases} 2 \leq B \leq 8 & \text{結論 } H_0 \\ \text{否則} & \text{結論 } H_1 \end{cases} \quad B \text{爲大於 284 之個數}$$

$B = 1$ 　故結論 H_1 　即 $n \neq 284$ 　此時之 $\alpha = 0.0216$

10-2 根據趙先生的 15 次經驗，他自到達某一個公車站到上車爲止，所需等待的時間（分鐘）如下：

4	8	7	7	2	6	8	5
9	6	1	5	6	5	9	

試應用符號檢定，對等待時間的中位數大於 5 分鐘的對立假設，檢定等待時間的中位數等於 5 分鐘的虛無假設。設 $\alpha = 0.05$。

10-2 $\begin{cases} H_0 : n = 5 \\ H_1 : n \neq 5 \end{cases}$ 　α 被控制於 0.05

即 $\begin{cases} H_0 : p = 0.5 \\ H_1 : p \neq 0.5 \end{cases}$ 　$p = p(x_i > 5)$

$$\text{若} \begin{cases} 3 \leq B \leq 9 & \text{結論 } H_0 \\ \text{否則} & \text{結論 } H_1 \end{cases} \quad B \text{爲 } x_i \text{ 大於 5 之個數}$$

$B = 9$ 　∴結論 H_0 　此時 $\alpha = 0.0384$

10-3 茲有 12 件性質相近的車禍，其民事賠償金額分別爲（單位：千元）：5.2，5.5，3.8，2.5，8.3，2.1，1.7，10.0，4.8，6.9，7.5，10.6。假設這些資料可視爲取自一連續型母體的一組隨機樣本。試求這類車禍民事賠償金額中位數 ζ 0.5 的大約 99 ％信任區間。

10-3 $n = 12$ 　取其約 99 ％之信任區間

由查表得 $L_2 < n < U_2$ 之信任係數爲 0.994 約爲 99 ％

故 n 之 99.4 ％信心之信任區間爲 $2.1 \sim 10.6$。

10-5 過去某慈善機構經手的各筆捐助金額，中位數爲 50 元。最近該機構擴大宣傳活動，激發各界人士的慈悲心。一週內有 250 位捐款，其中金額超過 50 元者 141 位，少於 50 元者 109 位

(a)試以符號檢定法，取 0.05 爲顯著水準，檢定擴大宣傳後，捐助

金額中位數是否增加的假設。

(b)如果前述資料改為超過 50 元者 141 位，少於 50 元者 107 位，剛好 50 元者 2 位，則結論如何？

10-5 (a) $\begin{cases} H_0 : n \le 50 \\ H_1 : n > 50 \end{cases}$

即 $\begin{cases} H_0 : p \le 0.5 \\ H_1 : p > 0.5 \end{cases}$ $p = p(x_i > 50)$ α 被控制於 $n_D = 0$

若 $\begin{cases} Z^* \le 1.645 & 結論 H_0 \\ Z^* > 1.645 & 結論 H_1 \end{cases}$

$$z^* = \frac{\dfrac{141}{250} - 0.5}{\sqrt{\dfrac{0.5 \times 0.5}{250}}} = 2.02 > 1.645 \quad 結論 H_1$$

即有 95% 的信心 $n > 50$ 即捐助金額之中位數增加

(b)剛好 50 元者將其摒棄，且其樣本量 n 亦須減掉

$$則 \quad z^* = \frac{\dfrac{141}{248} - 0.5}{\sqrt{\dfrac{0.5 \times 0.5}{250}}} = 2.17 > 1.645 \quad 結論 H_1$$

10-6 為了核對兩種不同的尺度所測出的重量（公克）是否會產生系統化的差異，經用 10 塊岩石實驗結果，得資料如下：

岩石標本	1	2	3	4	5	6	7	8	9	10
甲 尺 度	2.13	7.56	9.33	1.40	8.62	1.25	3.37	6.27	2.40	4.78
乙 尺 度	2.17	7.61	9.35	1.42	8.61	1.27	3.42	6.26	2.45	4.75

應用符號檢定法，決定該二尺度的測度結果是否有顯著的差異。設 $\alpha = 0.10$。

10-6
$$\begin{cases} H_0 : n_D = 0 \\ H_1 : n_D \neq 0 \end{cases}$$

即 $\begin{cases} H_0 : p = 0.5 \\ H_1 : p \neq 0.5 \end{cases}$ $\quad p = p(D_i > 0) \quad \alpha = 0.10$ 被控制於 $p = 0.5$

又 $n = 10$ 爲小樣本，須查表

若 $\begin{cases} 3 \leq B \leq 7 \quad 結論 H_0 \\ B < 3 \quad B > 7 \quad 結論 H_1 \end{cases}$ $\quad B 爲 D_i > 0$ 之個數

此題中 $B = 7$ $\therefore$ 結論 H_0 此時之

$$\alpha = 2 \times [\ 0.001 + 0.0098 + 0.0439\ ] = 0.11$$

故有 89％的信心 $n_D = 0$ 兩者無顯著之差異

10-7 今欲決定一種改良型的火星塞是否比傳統型的火星塞效果好，經隨機選用了 8 輛各型汽車從事實驗，在給定的汽油用量下，該兩種火星塞的行車里程（公里）結果如下：

汽 車 編 號	1	2	3	4	5	6	7	8
改良火星塞A	26.4	10.3	15.8	16.5	32.5	8.3	22.1	30.1
傳統火星塞B	24.3	9.8	16.9	17.2	30.5	7.9	22.4	28.6

試對對立假設 H_1：A 比 B 好〔或 $P(+) > 0.5$〕，檢定虛無假設 H_0：A 和 B 沒有差異〔或 $P(+) = 0.5$〕。應用符號檢定法解題，設 α 近似 5％。

10-7 $\begin{cases} H_0 : n_D = 0 \\ H_1 : n_D \neq 0 \end{cases}$ $\quad \alpha$ 被控制近似 5％在 $n_D = 0$

即 $\begin{cases} H_0 : p = 0.5 \\ H_1 : p \neq 0.5 \end{cases}$ $\quad p = p(D_i > 0)$

若 $\begin{cases} 2 \leq B \leq 6 \quad 結論 H_0 \\ 否則 \quad 結論 H_1 \end{cases}$ $\quad B = D_i > 0$ 之個數

$B = 4$ $\therefore$ 結論 H_0 此時 $\alpha = 0.0702$

10-10 經隨機選出A品牌的汽車五輛，B品牌的汽車四輛，以決定其剎車直到第一次故障時的行車里程（千公里）。實驗結果得資料如下表，試對對立假設H_1：A的剎車較B的耐用，檢定虛無假設H_0：兩種剎車沒有區別。設α近似0.05，用魏克生等級和檢定法解題。

A品牌	30	41	48	49	61
B品牌	22	26	32	39	

10-10 (a)魏克生法

$$\begin{cases} H_0 : \sigma = 0 \\ H_1 : \sigma \neq 0 \end{cases} \quad \alpha \text{ 被控制於 } 0.05 \text{ 於 } \sigma = 0$$

若 $\begin{cases} |Z^*| \leq 1.96 & \text{結論 } H_0 \\ |Z^*| > 1.96 & \text{結論 } H_1 \end{cases}$

$$z^* = \frac{S_2 - E\{S_2\}}{\sigma\{S_2\}} = \frac{12 - 20}{\sqrt{\dfrac{50}{3}}} = -1.96$$

結論 H_0　　此時 $\alpha = 0.05$

10-11 有一位社會學家在非洲的兩個部落分別隨機測得七位成年人的身高（公分）的資料如下，這些資料是否顯示部落A的成年人高於部落B的成年人？設α近似0.05，用魏克生等級和檢定法檢定。

部落A	165	167	169	170	170	173	176
部落B	162	163	164	165	166	168	169

10-11 $\begin{cases} H_0 : \sigma \geq 0 & \alpha \text{ 被控制於 } 0.05 \\ H_1 : \sigma < 0 & \sigma = B - A \text{ 之身高} \end{cases}$

若 $\begin{cases} Z^* \geq -1.645 & \text{結論 } H_0 \\ Z^* < -1.645 & \text{結論 } H_1 \end{cases}$

$$Z^* = \frac{34 - \dfrac{7.15}{2}}{\sqrt{\dfrac{49.15}{12}}} \quad = -2.364$$

∴ 結論 H_1　即 A 之身高比 B 高於　$\alpha = 0.05$

10-12 瓦斯公司有一份報告指出，該公司的住宅用戶，在收費通知發出後七天之內繳費者的比率為 50％。最近抽查 10 個住宅用戶的繳費紀錄，得繳費日距收到通知單的天數分別是：2，4，8，13，15，28，29，35，36，46。試以 0.05 為顯著水準，檢定前述報告是否仍然有效？

10-12 $H_0 : p = 0.5$

　　　$H_1 : p \neq 0.5$　　　　其中 $p = p(\bar{x}_i > 7)$

　　　$n = 10$，由於 $\alpha = 0.05$，低於下臨界值 c_1 的機率不得超過 $\dfrac{\alpha}{2} = 0.025$，高於上臨界值 c_2 的機率也不得超過 $\dfrac{\alpha}{2} = 0.05$，因此由 $n = 10$ 的二項機率可知

若　$2 \leq B \leq 8$　　　則推論 H_0

若　$B < 2$ 或 $B > 8$　　　則推論 H_1

由於超過 7 天的紀錄未超過 8 家，因此前述報告仍然有效

10-13 管理師講習班旨在促進受訓人經營決策之技巧。開訓之初任取 15 位受訓者，給一個案測試，評估其獲利能力。結訓時再任取 12 位受訓者測試，得下列資料。表中分數已由小而大排列。

開訓之初	-4.4, -2.1, -1.2, 0.0, 0.7, 2.2, 4.4, 4.7, 5.5 5.9, 6.8, 8.2, 8.3, 8.5, 9.1
結訓時	-2.0, -1.0, 0.1, 0.5, 1.0, 4.3, 4.5, 6.1, 6.2 7.6, 8.5, 9.6

(a)試以 0.1 為顯著水準，使用曼恩—惠尼檢定法評估這個講習班是否有效果？

(b)求(a)的解，需符合那些假設？如果改用第十三章的 t 一檢定法，
應再加些什麼假設？

10-13 (a) $\begin{cases} H_0 : \sigma \leq 0 \\ H_1 : \sigma > 0 \end{cases}$ $\alpha = 0.1$ 被控制於 $\sigma = 0$

由數據求

$$S_2 = 3 + 5 + 7 + 8 + 10 + 12 + 14 + 18 + 19 + 21$$
$$+ 24.5 + 27$$
$$= 168.5$$

又 $E\{S_2\} = \dfrac{n_2(n_1 + n_2 + 1)}{2} = \dfrac{12 \times (12 + 15 + 1)}{2}$

$$= 168$$

$$\sigma^2\{S_2\} = \dfrac{n_1 n_2(n_1 + n_2 + 1)}{12} = \dfrac{15 \times 12 \times (12+15+1)}{12}$$

$$= 420 \quad \therefore \sigma\{S_2\} = 20.5$$

若 $\begin{cases} Z^* \leq 1.282 & 結論 H_0 \\ Z^* > 1.282 & 結論 H_1 \end{cases}$

$$z^* = \dfrac{168.5 - 168}{20.5} = 0.024 \quad \therefore 結論 H_0$$

即有 90 % 的信心其講習班未有效果

(b)須符合二者數據分布連續且外形相同且二者須獨立。

10-14 自第一工作班與第二工作班分別隨機選取 24 位工人，紀錄他們的
生產單位數如下表（已按大小排列）。

第一班	169, 176, 182, 183, 186, 189, 189, 192, 195, 198, 198, 199, 200, 201, 202, 204, 205, 208, 209, 210, 210, 221, 225, 227
第二班	172, 175, 175, 178, 179, 186, 187, 191, 197, 201, 203, 205, 207, 209, 210, 218, 221, 227, 231, 231, 235, 237, 246, 253

(a)試以 0.05 為顯著水準，使用曼恩—惠尼檢定法研判第二工作班

的生產效率是否較第一工作班高？

(b)使用曼恩—惠尼檢定法所要求的基本假設，本題是否符合，試逐條說明之。

10-14 (a) $\begin{cases} H_0 : \sigma \le 0 \\ H_1 : \sigma > 0 \end{cases}$ $\alpha = 0.05$ 被控制於 $\sigma = 0$

若 $\begin{cases} Z^* \le 1.645 & \text{結論 } H_0 \\ Z^* > 1.645 & \text{結論 } H_1 \end{cases}$

由數據可得 $S_2 = 644$

$$E\{S_2\} = \frac{24 \times (24 + 24 + 1)}{2} = 588$$

$$Var\{S_2\} = \frac{24 \times 24 \times (24 + 24 + 1)}{12} = 2352$$

$$\therefore \quad \sigma\{S_2\} = 48.5$$

$$z^* = \frac{644 - 588}{48.5} = 1.15 \le 1.645 \quad \text{結論 } H_0$$

即有 95 ％的信心第二工作班之效率未比第一班高

(b)由樣本資料可知基本假設大致符合。

10-15 欲瞭解房屋買主對房屋座落在巷底與非巷底的估價是否有顯著差異，請來 24 位房屋訂購人，給他們房屋格局、建材等說明書乙份，然後請他們寫下願意購買的價錢，但告訴其中 12 位他們的房子座落在巷底，告訴其餘 12 位他們的房子不是在巷底。搜集他們寫下的價錢後，由小而大排列，被告訴房子不是在巷底的 12 位提出之價錢的序次為：3，7，9，12，14，15，16，19，21，22，23，24。

(a)試以 0.1 為顯著水準，使用曼恩—惠尼檢定法研判，一般房屋買主對房子座落在巷底與非巷底的估價是否有差異。

(b)如果欲研判者，為一般房屋買主對房子座落在巷底的估價是否比非巷底者低，則結論如何？

10-15 (a) $H_0 : \sigma = 0$

　　　　　　　　　　　$\alpha = 0.1$　被控制於 $\sigma = 0$

　　　$H_1 : \sigma \neq 0$

若　　$|Z^*| \leq 1.645$　結論 H_0

　　　$|Z^*| > 1.645$　結論 H_1

$S_2 = 185$

$$E\{S_2\} = \frac{n_2(n_1 + n_2 + 1)}{2} = \frac{12 \times (12 + 12 + 1)}{2} = 150$$

$$\text{Var}\{S_2\} = \frac{12 \times 12 \times 25}{12} = 300 \quad \sigma\{S_2\} = 17.32$$

$$z^* = \frac{185 - 150}{17.32} = 2.02 > 1.645 \quad \text{結論 } H_1$$

即有 90% 的信心二者之估價是有差異

(b)　$H_0 : \delta \leq 0$

　　　　　　　　　　$\alpha = 0.1$　被控制於 $\delta = 0$

　　　$H_1 : \delta > 0$

若　　$Z^* \leq 1.282$

　　　　　　　　　　$Z^* = 2.02 > 1.282$　∴ 結論 H_1

　　　$Z^* > 1.282$

即有 90% 的信心位於巷底的估價比非巷底者低

10-16 甲和乙兩生產線十天來每日生產的不良燈泡數如下：

日	甲	乙
1	172	201
2	165	179
3	206	159
4	184	192
5	174	177
6	142	170
7	190	182
8	169	179
9	161	169
10	200	210

(a)假設兩生產線每日產量相同。試比較甲和乙兩生產線每日的不良數，且令 y 等於甲超過乙的個數，則這些資料是否足以顯示乙生產線的平均不良數較甲多呢？令顯著水準為 $\alpha = 0.01$，使用符號檢定。

(b)使用魏克生順序法檢定上題（取 $\alpha = 0.01$）。

10-16 (a) $\begin{cases} H_0 : n_D \leq 0 \\ H_1 : n_D > 0 \end{cases}$

即 $\begin{cases} H_0 : p \leq 0.5 \\ H_1 : p > 0.5 \end{cases}$ $\quad p = p (D_i > 0) \quad \alpha = 0.01$ 被控制於 $p = 0.5$

$n = 10$ 故為小樣本，令 B 為 $D_i > 0$ 之個數

則由表可知：

若 $\begin{cases} B \leq 8 & \text{結論 } H_0 & \text{又 } B = 8 & \therefore \text{結論 } H_0 \\ B > 8 & \text{結論 } H_1 & \text{此時 } \alpha \text{ 約為 } 0.01 \end{cases}$

故有 99 % 的信心乙生產線的平均不良數未比甲多

(b)排序得 $T = 29 \qquad E \{ T \} = 0 \qquad \sigma^2 \{ T \} = 385$

若 $\begin{cases} Z^* \leq 2.326 & \text{結論 } H_0 \\ Z^* > 2,326 & \text{結論 } H_1 \end{cases}$

$$Z^* = \frac{29 - 0}{\sqrt{385}} = 1.48 \quad \therefore \text{結論 } H_0$$

即有 99 % 的信心乙生產線的平均不良數未比甲多

10-17 一種減肥食品保證食用 1 個月可減少體重 20 斤，假設 16 個過胖的人食用 1 個月後實際減輕的體重分別為 18，22，16，14，21，18，20，17，21，13，17，18，15，14，16，20，則在 5 % 的水準下可否接受此保證？

10-17 $\begin{cases} H_0 : n = 20 \\ H_1 : n \neq 20 \end{cases}$ $\quad \alpha = 0.05$ 控制於 $n = 20$

即 $\begin{cases} H_0 : p = 0.5 \\ H_1 : p \neq 0.5 \end{cases}$ $\quad p = p (n > 0.5)$

$$\overline{p} = \frac{3}{14} \qquad S\{p_0\} = \sqrt{\frac{0.5 \times 0.5}{14}} = 0.134$$

$$z^* = \frac{\dfrac{3}{14} - 0.5}{0.134} = -2.13 \qquad 結論\ H_1$$

即有 95% 的信心其減少體重不為 20 公斤

10-18 假設從頭份煉製廠選出的某類石油 10 個樣本中其辛烷指數分別為

91.5，92.9，94.3，91.8，95.4，96.1，94.8，94.1，93.7，

93.9。而從嘉義煉製廠選出的 9 個樣本中其辛烷指數分別為 92.3，

94.1，94.9，89.6，92.9，95.4，91.4，93.0，94.0。請

問在 5% 的水準下是否有理由相信兩煉製廠產生的辛烷指數有差

異？

10-18 $\begin{cases} H_0 : n_D = 0 \\ H_1 : n_D \neq 0 \end{cases} \qquad \alpha = 0.05\ 控制於\ n_D = 0$

若 $\begin{cases} |Z^*| \leq 1.96 & 結論\ H_0 \\ |Z^*| > 1.96 & 結論\ H_1 \end{cases}$

由數據得　$S_2 = 79.5$

$$E\{S_2\} = \frac{9 \times (9 + 10 + 1)}{2} = 90$$

$$Var\{S_2\} = \frac{10 \times 9 \times (9 + 10 + 1)}{12} = 150$$

$$z^* = \frac{79.5 - 90}{\sqrt{150}} = -0.86 \qquad \therefore 結論\ H_0$$

即有 95% 的信心二者之辛烷指數未有差異

第十一章 分類數據的統計推論

11-1 試就下述各題應用卡方配合度檢定法,求(1) H_0 眞時卡方值的自由
度;(2)檢定棄卻域的臨界值 c 。

 (a) H_0 :分布爲波瓦松分布 P (3) ,資料分成 10 組 ,取 $\alpha = 0.05$;

 (b) H_0 :分布爲 N (μ , 1) ,樣本資料分成 15 組 ,取 $\alpha = 0.01$;

 (c) H_0 :分布爲 N (10 , 400) ,樣本資料分成 8 組 ,取 $\alpha = 0.01$;

 (d) H_0 :分布爲 U (0 , 100) ,樣本資料分成 5 組 ,取 $\alpha = 0.025$ 。

11-1 (a)自由度 $= 9$ $x^2 (0.95 ; 9) = 16.92$

  (b)自由度 $= 14$ $x^2 (0.99 ; 14) = 29.14$

  (c)自由度 $= 6$ $x^2 (0.99 ; 6) = 16.81$

  (d)自由度 $= 3$ $x^2 (0.995 ; 3) = 9.35$

11-2 舉行一項紡織品辨識實驗 。受試者共 250 位 ,獨立分辨三件紡織品。
對每一件紡織品 ,受試者要辨認其纖維爲合成的 ,或天然的 。實驗
結果辨認正確件數與受試者人數如下表:

辨認正確件數	0	1	2	3	計
受 試 者 人 數	9	40	36	165	250

如果受試者純粹是瞎猜的 ,則每一位受試者猜對的件數應該服從二
項分布 B (3 , 0.5) 。

(a)試以 0.05 爲顯著水準 ,檢定這項實驗受試者是否都是瞎猜 。

(b)有一位統計師分析這一組資料 ,認爲受試者中有六成確具辨識能
 力 ,其餘的都是瞎猜 。試以 0.05 爲顯著水準檢定這位統計師的
 分析是否有道理 ?

11-2 (a) $\begin{cases} H_0 : 受試者爲瞎猜的 \\ H_1 : 受試者並非瞎猜 \end{cases}$ α 控制於 0.05

If $\begin{cases} x^2 \le x^2(0.95 \; ; \; 3) = 7.81 & \text{結論 } H_0 \\ x^2 > 7.81 & \text{結論 } H_1 \end{cases}$

計算得 $x^2 = \Sigma \dfrac{(f_i - F_i)^2}{F_i} = 654.68$ $\therefore$ 結論 H_1

表示有 95 %的信心，受試者未必全是瞎猜。

$\begin{cases} H_0 : 受試者有六成確具辨識力 \\ H_1 : 受試者並非六成具辨識力 \end{cases}$

(b)同上；計算 $x^2 = \Sigma \dfrac{(f_i - F_i)^2}{F_i}$

$$= 0.98 + 0.17 + 0.06 + 0.04 = 1.25$$

故結論 H_0 表示受試者中有六成具辨識力。

11-3 有一位運動統計師研究最近幾場曲棍球比賽攻進門間隔時間，得到下列資料。

進門間隔時間（分鐘）	0-9.9	10-19.9	20-29.9	30-39.9	40-49.9	50-
發 生 次 數	170	91	33	14	8	4

共 320 次，其 $\bar{x} = 13.0$ 與 $S = 12.3$，試以 0.05 為顯著水準，檢定進門間隔時間是否為指數分布。

11-3 $\begin{cases} H_0 : 其進門間隔為指數分布 \\ H_1 : 進門間隔不為指數分布 \end{cases}$ $\qquad \alpha$ 被控制於 0.05

$\bar{x} = 13 \qquad \therefore \quad \lambda = \dfrac{1}{13}$

組數	組 距	f_i	p	F_i	$(f_i - F_i)^2 / F_i$
1	0 ～ 9.9	170	0.5323	170.34	0.001
2	10 ～ 19.9	91	0.7835 − 0.5323 = 0.2512	80.38	1.403
3	20 ～ 29.9	33	0.8997 − 0.7835 = 0.1162	37.18	0.470
4	30 ～ 39.9	14	0.9536 − 0.8997 = 0.0539	17.25	0.612
5	40 ～ 49.9	8	0.9785 − 0.9536 = 0.0249	7.97	0.000
6	50 ～	4	1 − 0.9785 = 0.0215	6.88	1.206
				$\chi^2 =$	3.692

If $\begin{cases} \chi^2 \leq \chi^2 (0.95 ; 6-1-1) = 9.49 & \text{結論 } H_0 \\ \chi^2 > \chi^2 (0.95 ; 6-1-1) = 9.49 & \text{結論 } H_1 \end{cases}$

故表示有 95 % 的信心表示此進門間隔時間為指數分布。

11-4 參考前題。假設自體育專家獲悉，曲棍球進門間隔時間的平均值為 15 分鐘。

(a)試以 0.05 為顯著水準，檢定間隔時間是否為平均數 15 分鐘的指數分布。

(b)在(a)的結論中是否指間隔時間不是指數分布？說明之。

(c)試根據前題 320 次之紀錄，求間隔時間平均數的 95 % 信任區間。根據此項區間是否有助於(a)的結論的解釋？

11-4 (a)

$\begin{cases} H_0 : \text{間隔時間為 } E\{\overline{x}\}=15 \quad \text{即 } \lambda = \dfrac{1}{15} \text{ 之指數分布} \\ H_1 : \text{間隔時間不為 } E\{\overline{x}\} = 15 \quad \text{之指數分布} \end{cases}$

α 被控制於 0.05

組數	組距	f_i	p	F_i	$(f_i - F_i)^2 / F_i$
1	0 ~ 9.9	170	0.4831	154.6	1.53
2	10 ~ 19.9	91	0.7355 - 0.4831 = 0.2524	80.8	1.29
3	20 ~ 29.9	33	0.8633 - 0.7355 = 0.1278	40.9	1.53
4	30 ~ 39.9	14	0.9301 - 0.8633 = 0.0668	21.4	2.56
5	40 ~ 49.9	8	0.9642 - 0.9301 = 0.0341	10.9	0.77
6	50 ~	4	1 - 0.9642 = 0.0358	11.5	4.89

$$\chi^2 = 12.57$$

若 $\begin{cases} x^2 \leq x^2 (0.95 ; 6-0-1) = 11.07 & \text{結論 } H_0 \\ x^2 > x^2 (0.95 ; 5) = 11.07 & \text{結論 } H_1 \end{cases}$

故表示有 95 % 的信心，間隔時間並非為平均數 = 15 的指數分布

(b)不是；只表示並非為 $\lambda = \dfrac{1}{15}$ 的指數分布，有可能為其他參數 (λ) 之指數分布。

(c) $13.0 \pm 1.96 \times 12.3 \Rightarrow -11.11 \sim 37.11$ 為其 95 % 之信任區間。

11-5 茲有一大批機器零件的羣體，按品質劃分為 A、B、C、D 四級，各級的機率依序為 0.6，0.2，0.1 與 0.1，自該羣體隨機取一組隨機樣本。

(a)若樣本數爲 5 ，試求下述機率：(1)取到 A 級二個，其他各級各一個；(2)取到三個 B 級與二個 C 級 。

(b)若樣本數爲 2 ，試求所有可能結果的機率分布 。

(c)若樣本數爲 2 ，試求取到者爲相同等級的機率 。

11-5 (a)(1) $\dfrac{5!}{2!1!1!1!} \times 0.6^2 \times 0.2 \times 0.1 \times 0.1 = 0.0432$

(2) $\dfrac{5!}{3!2!} \times 0.2^3 \times 0.1^2 = 0.004$

(b)

		A	B	C	D
		0.6	0.2	0.1	0.1
0.6	A	0.36	0.24	0.12	0.12
0.2	B		0.04	0.04	0.04
0.1	C			0.01	0.02
0.1	D				0.01

(c)由上知 $0.36 + 0.04 + 0.01 + 0.01 = 0.42$

11-6 立利百貨公司的帳單發出後，30 天內付款者的機率爲 0.8 ，介於 31 天與 60 天內付款者爲 0.15 ，超過 60 天付款者爲 0.05 ，各不同帳單其付款天數爲統計獨立 。茲抽取三張帳單爲一組隨機樣本 。

(a)試求其中二張 30 天內付款與一張超過 60 天付款的機率 。三張都在 30 天內付款的機率呢 ？

(b)試求所有可能付款天數的結果的機率分布 。那一種結果最有可能發生 ？

(c)試求其中有一張超過 60 天付款的機率 。

11-6 (a)(1) $\dfrac{3!}{2!} \times 0.8^2 \times 0.05 = 0.096$

(2) $0.8^3 = 0.512$

(b)由(a)(2)知 0.512 超過一半故其三張均在 30 天內付款者機率最大

(c) $\dfrac{3!}{2!} \times 0.95^2 \times 0.05 = 0.1354$ 。

11-7 一家化粧品公司的市場研究部,隨機訪問 150 位經常使用潤膚乳液的婦女,請教她們使用的牌號名稱。結果如下表所示:

乳 液 牌 號	A	B	C	計
使 用 者 人 數	35	64	51	150

試求使用 B 牌者的比率的 99％信任區間,並說明該區間估計值的意義。

11-7 $\overline{P} = \dfrac{64}{150}$　　$S\{\overline{P}\} = \sqrt{\dfrac{64}{150} \times \dfrac{86}{150} \times \dfrac{1}{149}} = 0.0405$

其 99％信任區間於 $\dfrac{64}{150} \pm 2.576 \times 0.405$ 為 $0.322 \sim 0.531$ 。

11-8 某一規模龐大的連鎖商店總經理室的顧客服務部經理,最近蒐集到 300 件顧客抱怨函,整理歸類如下表:

抱 怨 性 質	貨物品質	價格	服務	其他	計
件　　　數	69	48	172	11	300

求針對服務情形抱怨者比率的 95％信任區間,並說明該區間估計值的意義。

11-8 $\overline{P} = \dfrac{172}{300}$　　$S\{\overline{P}\} = \sqrt{\dfrac{172}{300} \times \dfrac{128}{300} \times \dfrac{1}{299}} = 0.0286$

其 95％信任區間於 $\dfrac{172}{300} \pm 1.96 \times 0.0286$ 為 $0.157 \sim 0.629$ 。

11-9 參考習題 11-7 。市場研究部主任想研判三種牌號使用者比率是否

相等。

(a)取 0.05 為顯著水準，檢定切題的假設。

(b)就(a)的結論而言，是否表示 B 牌與 C 牌的使用者比率有差異？

11-9　(a) $\begin{cases} H_0 : P_1 = P_2 = P_3 \\ H_1 : 並非全部相等 \end{cases}$ 　　$\alpha = 0.05$ 被控制於 $P_1 = P_2 = P_3$

若 $\begin{cases} x^2 \leq x^2 (0.95 ; 2) = 5.99 & 結論 H_0 \\ x^2 > 5.99 & 結論 H_1 \end{cases}$

組數		f_i	F_i	$(f_i - F_i)^2 / F_i$
1	A	35	50	4.5
2	B	64	50	3.92
3	C	51	50	0.02
		150	150	$x^2 = 8.44$ 　∴結論 H_1

即表示有 95% 的信心，三者的機率並非全部相同。

(b)非也；雖三者不全等但亦可能有其中二者相同。

11-10 參考習題 11-8 。顧客服務部經理關心對服務情形抱怨者，究竟比對貨物品質抱怨者大多少？替這位經理求一適當的 95% 信任區間，並說明該區間估計的意義。

11-10

$$\overline{P}_1 = \frac{172}{300} \quad S^2\{\overline{P}_1\} = \frac{172}{300} \times \frac{128}{300} \times \frac{1}{299} = 0.0008181$$

$$\overline{P}_2 = \frac{69}{300} \quad S^2\{\overline{P}_2\} = \frac{69}{300} \times \frac{231}{300} \times \frac{1}{299} = 0.0005923$$

其 $S\{\overline{P}_1 - \overline{P}_2\} = \sqrt{S^2\{\overline{P}_1\} + S^2\{\overline{P}_2\}} = 0.038$

95% 二者差之信任區間 $\left(\dfrac{172}{300} - \dfrac{69}{300}\right) \pm 1.96 \times 0.038$

為 $0.27 \sim 0.42$

故有 95% 的信心，二者差異之大小落於 $0.27 \sim 0.42$ 之間。

11-11 一家銀行調查 400 位戶長的一組隨機樣本，以便瞭解有多少人知道

現行存款利率。資料搜集到手後按被調查的戶長的職業分類整理如下表：

銀行經理想瞭解所有的戶長知道現行利率者的比率是否與其職業有關，如果是，關係的性質是什麼。

職　　　業　　　別	知　道	不知道
職員、工人、銷售員	112	100
經理、專門技術人員	58	22
其　　　　　　　他	35	73

(a)試根據樣本資料，求所有戶長知道現行利率者之比率的 90 % 信任區間。說明此區間估計值的意義。

(b)以 0.01 為顯著水準，檢定戶長之職業與對利率的知識二者是否為統計獨立。

(c)求各職業別，戶長知道現行利率者之條件機率的估計值，這些機率顯示戶長之職業與對利率的知識二者有何關係？

(d)根據樣本資料，求職員、工人、銷售員之戶長知道現行利率者的比率與經理、專門技術人員者之比率的差數的 90 % 信任區間。

11-11 (a) $\overline{P} = \dfrac{205}{400}$　$S\{\overline{P}\} = \sqrt{\dfrac{205}{400} \times \dfrac{195}{400} \times \dfrac{1}{399}} = 0.025$

90 % 信任區間於 $\dfrac{205}{400} \pm 1.645 \times 0.025$ 為 $0.471 \sim 0.554$

(b) $\begin{cases} H_0：職業與利率的知識成統計獨立 \\ H_1：二者並非統計獨立 \end{cases}$ 　$\alpha = 0.01$ 被控制於二者獨立

	知		不知		共
1	112	(108.7 , 0.10)	100	(103.4 , 0.11)	212
2	58	(41 , 7.05)	22	(39 , 7.41)	80
3	35	(55.4 , 7.51)	73	(52.7 , 7.82)	108
	205		195		400

若 $\begin{cases} \chi^2 \leq \chi^2 \,(0.99\,;\,5) = 15.09 & \text{結論 } H_0 \\ \chi^2 > 15.09 & \text{結論 } H_1 \end{cases}$

由上表知　$\chi^2 = 30$　故結論 H_1

即有 99％的信心二者並非統計獨立。

(c)由表可知，經理、專門技術人員知道，利率者的比率比其他二者為高。

(d) $\overline{P}_1 = \dfrac{112}{212}$　$S^2\{\overline{P}_1\} = \dfrac{112}{212} \times \dfrac{100}{212} \times \dfrac{1}{211} = 0.00118$

$\overline{P}_2 = \dfrac{58}{80}$　$S^2\{\overline{P}_2\} = \dfrac{58}{80} \times \dfrac{22}{80} \times \dfrac{1}{79} = 0.00252$

$S\{\overline{P}_1 - \overline{P}_2\} = \sqrt{S^2\{\overline{P}_1\} + S^2\{\overline{P}_2\}} = 0.061$

其 90％信任區間於 $\left(\dfrac{112}{212} - \dfrac{58}{80}\right) \pm 1.645 \times 0.061$

為　$-0.30 \sim -0.10$

故有 90％的信心表示，二者之差落於 $-0.30 \sim -0.10$。

11-12 一位投資分析家，研究三月份連續二個禮拜股價變動的關係。他取 100 種股票為一組隨機樣本，記錄每一種股票這二個星期價格的變動，得交叉表如下：

第二週股價　第一週股價	上　漲	持　　平	下　跌
上　漲	21	10	9
持　平	12	3	5
下　跌	17	17	6

試以 0.01 為顯著水準，檢定股價的變動在這二週內是否為統計獨立。

11-12 $\begin{cases} H_0 : 股價變動為統計獨立 \\ H_1 : 股價變動非統計獨立 \end{cases}$　$\alpha = 0.01$

若 $\begin{cases} x^2 \leq x^2(0.99\,;\,8) = 20.09 & \text{結論}H_0 \\ x^2 > 20.09 & \text{結論}H_1 \end{cases}$

	↑			—			↓		
↑	21	20 , 0.05	10	12 , 0.33	9	8 , 0.13	40
—	12	10 , 0.4	3	6 , 1.5	5	4 , 0.25	20
↓	17	20 , 0.45	17	12 , 2.08	6	8 , 0.5	40
	50		30		20		100

$x^2 = 5.69$ 結論 H_0

故有 99 % 的信心表示二者是爲統計獨立。

11-13 有一位航運分析師取 60 天的訂機票記錄爲一組樣本，以取得每天下午 4 點飛往紐約的班機訂不到座位的人數的資料，記錄如下表：

未訂到座位人數	0	1	2	3	4	5	計
發 生 天 數	29	19	9	2	0	1	60

在這個研究之後不久，航空公司制定一套新的訂座辦法，實施後亦搜集到 60 天的訂機票記錄爲一組樣本，其相同班機訂不到座位的人數情形見下表：

(a)取 0.025 爲顯著水準，檢定新的訂座辦法實施後，訂不到座位人數的型態有無改變。

未訂到座位人數	0	1	2	3	4	5	計
發 生 天 數	37	17	3	2	1	0	60

(b)新的訂座辦法效果如何？

11-13 (a) $\begin{cases} H_0：\text{型態無改變} \\ H_1：\text{型態有改變} \end{cases}$

組數		0	1	2	3	4	5
f_i	天數	37	17	3	2	1	0
F_i	天數	29	19	9	2	0	1

	0	1	2	3 , 4 , 5
f_i	37	17	3	3
F_i	29	19	9	3

$\Rightarrow$

若 $\begin{cases} \chi^2 \leq \chi^2 (0.975 ; 3) = 9.35 & 結論 H_0 \\ \chi^2 > 9.35 & 結論 H_1 \end{cases}$

$$\chi^2 = \Sigma \frac{(f_i - F_i)^2}{F_i} = 2.21 + 0.21 + 4 = 6.42 \qquad 故結論 H_0$$

有 97.5 % 的信心，其型態並無改變。

(b)由(a)知其效果不彰。

11-14 參考習題 11-13 。統計師分析訂機票情形後，認為每一班次平均訂不到座位的人數為 0.6 ，而且每一班次未訂到座位人數服從波瓦松分布。試取 0.025 為顯著水準，分別研判前題的二組樣本，是否為取自 $\lambda = 0.6$ 的波瓦松分布。

11-14 H_0 : 樣本為 $\lambda = 0.6$ 的波瓦松分布

H_1 : 樣本不為 $\lambda = 0.6$ 之波瓦松分布 $\qquad \alpha$ 被控制於 0.025

若 $\begin{cases} \chi^2 \leq \chi^2 (0.975 ; 1) = 5.02 & 結論 H_0 \\ \chi^2 > 5.02 & 結論 H_1 \end{cases}$

	0	1	2 , 3 , 4 , 5
f_{1i}	29	19	12
f_{2i}	37	17	6
F_i	32.9	19.8	7.4

其前者之 $\chi^2 = \Sigma \dfrac{(f_{1i} - F_i)^2}{F_i} = 0.46 + 0.03 + 2.86 = 3.35$

結論 H_0

其後者之 $X^2 = 0.51 + 0.40 + 0.26 = 1.17$　　結論 H_0

故可知有 **97.5%** 的信心，均符合 $\lambda = 0.6$ 之波瓦松分布。

11-15 王工程師想研究機械故障與工作班次之間是否相關，將第一季機械
　　　故障 157 次的分析得出以下結果：

故　障　次　數

機械 班次	A	B	C	D	
1	10	6	12	13	41
2	10	12	19	21	62
3	13	10	13	18	54
	33	28	44	52	157

11-15 $\begin{cases} H_0 : P_{ij} = P_{i.} \cdot P_{.j} \\ H_1 : P_{ij} \neq P_{i.} \cdot P_{.j} \end{cases}$

機械 班次	A	B	C	D	
1	10 (8.6)	6 (7.3)	12 (11.5)	13 (13.6)	41
2	10 (13)	12 (11)	19 (17.4)	21 (21.3)	62
3	13 (11.3)	10 (9.6)	13 (15.1)	18 (17.9)	54
	33	28	44	52	157

$\hat{P}_{10} = \dfrac{41}{157}$　　$\hat{P}_{20} = \dfrac{62}{157}$　　$\hat{P}_{30} = \dfrac{54}{157}$

$\hat{P}_{01} = \dfrac{33}{157}$　　$\hat{P}_{02} = \dfrac{28}{157}$　　$\hat{P}_{03} = \dfrac{44}{157}$　　$\hat{P}_{04} = \dfrac{52}{157}$

若 H_0 成立，則估計期望次數 $n\hat{P}_{i0}\hat{P}_{0j}$ 分別為括號中所示數字

d.f. $= (3-1)(4-1) = 6$ $x^2(0.95, 6) = 12.59$

$$q_6 = \frac{(10-8.6)^2}{8.6} + \frac{(6-7.3)^2}{7.3} + \frac{(12-11.5)^2}{11.5} + \frac{(13-13.6)^2}{13.6}$$

$$+ \cdots\cdots + \frac{(18-17.9)^2}{17.9}$$

$$= 2.0068 < 12.59$$

因此不棄卻 H_0 ，即機械與班次為相互獨立。

11-16 為了決定近來使用二供應商的物料所造成機械故障的比率是否相同，丁工程師得到如下數據：

機 械 故 障 次 數

機械 ＼ 供應商	A	B	
Ⅰ	4	9	13
Ⅱ	15	3	18
	19	12	31

11-16

機械 ＼ 供應商	A	B	
Ⅰ	4 (7.96)	9 (5.03)	13
Ⅱ	15 (11.03)	3 (6.96)	18
	19	12	31

設 P_1 與 P_2 分別代表機械 Ⅰ ， Ⅱ 的故障比率

$H_0 : P_1 = P_2$

$H_1 : P_1 \neq P_2$

d.f. $= (2-1)(2-1) = 1$ $x^2(0.95, 1) = 3.84$

$$q_1 = \frac{(4-7.96)^2}{7.96} + \frac{(9-5.03)^2}{5.03} + \frac{(15-11.03)^2}{11.03} + \frac{(3-6.96)^2}{6.96}$$

$$= 1.97 + 3.13 + 1.43 + 2.25 = 8.78 > 3.84$$

即棄卻H_0，二供應商的物料所造成機械故障的比率不同。

第Ⅳ單元　線性統計模式

第十二章　簡單線性廻歸與相關

12-1　給定直線關係 $3x + 2y - 12 = 0$ ，試做以下各題：

　　(a)對應於 $x = 1$ ，y 的值為何？

　　(b)對應於 $y = 3$ ，x 的值為何？

　　(c)圖示該直線；

　　(d)找出該直線的斜率和 y 截距。

12-1　(a) $y = 4.5$

　　(b) $x = 2$

　　(c)

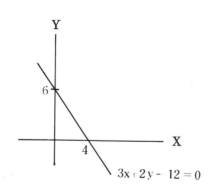

　　(d)斜率為 $-\dfrac{2}{3}$ ，Y 截距為 6 。

12-2　有一家銷售工作母機的廠商，欲研究其銷售品的保養服務成本與售
　　　價間的關係，用以研判機器成本與銷售量的平衡點，試說明本題依
　　　變數與自變數各指何事？

12-2　自變數：售價。

　　　依變數：保養服務成本。

12-3 試就下述各對變數，解釋為函數關係或統計關係，何者比較合理？

(a)X 表物件降落速度，Y 表時間。

(b)X 表家庭人口數，Y 表家庭衣物支出。

(c)X 表一頁校樣稿排版錯字總數。

(d)Y 表一頁校樣稿，校對者發現排版錯字總數。

12-3 (a)函數關係。

(b)統計關係。

(c)函數關係。

(d)統計關係。

12-4 下述各題的變數中，何者為獨立變數？何者為反應變數？

(a)某訓練機構的主管想研究新進學員接受訓練的時間長短和其操作某種機器的熟練程度之間的關係；

(b)一位化學家想研究油漆的乾燥時間和某種化學添加劑之間的關係，據稱這種添加劑可以加速油漆的乾燥過程；

(c)設有一項研究計畫，其目的是想找出吸煙的人血液中所含一氧化碳的濃度和其每天吸煙量（支）之間的關係；

(d)一位農藝學家想調查某種木耳的成長率和環境的濕度之間的關係。

12-4	(a)	(b)	(c)	(d)
自變數：	訓練時間	化學添加劑	吸煙量	濕度
依變數：	熟練程度	乾燥時間	一氧化碳濃度	成長率

12-5 已知觀測值 x 和 y 如下：

x	1.00	1.44	1.96	3.24	4.00	7.84
y	1.0	2.0	3.0	4.0	5.0	6.0

(a)圖示該樣本資料，y 和 x 所呈現的關係型態為何？你認為這種情況下用直線迴歸模型是否適當？

(b)取 x 的平方根，將其變換為一個新變數 $\sqrt{x}$，再將變換後的資料點（$\sqrt{x}$，y）予以圖示，這時的關係是否近似一條直線？

(c)應用變換後的結果(b)，找出 y 和 $\sqrt{x}$ 之間的樣本廻歸線 $\hat{y} = b_0$ $+ b_1 \sqrt{x}$ ，並計算誤差平方和 SSE 。

12-5 (a)先繪其圖形

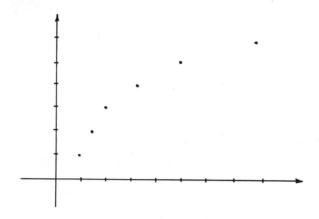

由圖形知用直線來解釋並不適當 。

(b)以圖形視

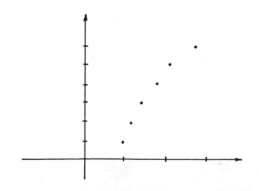

$\sqrt{x}$	1	1.2	1.4	1.8	2	2.8
y	1	2	3	4	5	6

由圖形知用 $\sqrt{x}$ ，y 來以直線解釋較為恰當 。

(c)

$\sqrt{x}$	1	1.2	1.4	1.8	2	2.8
y_i	1	2	3	4	5	6
$\hat{y}_i$	1.6	2.1	2.7	3.8	4.3	6.5
e_i	-0.6	-0.1	0.3	0.2	0.7	-0.5
e^2_i	0.36	0.01	0.09	0.04	0.49	0.25

由計算得 $b_0 = -1.2$　　$b_1 = 2.76$

則 $\Sigma e^2_i = 1.24$　即爲 SSE 。

12-6 繼續做習題12-3 ：

找出未知參數 σ^2 的估計值，即計算 S_e^2 ；

12-6 σ^2 之估計值爲 $\dfrac{SSE}{6-2} = 0.31$ 爲 MSE 。

12-7 根據一家報紙刊登的廣告，得知某種品牌的中古汽車的售價如下，
其中 y 表示售價（萬元），x 表示車齡（年）。

x	1	2	3	4	5	6	7	8	9	10
y	24.5	18.0	20.0	20.0	17.0	12.0	11.5	6.9	6.0	4.7

(a)圖示該樣本資料，用散布圖表示；

(b)計算 b_0 ， b_1 和 SSE ；

(c)找出樣本廻歸線 $\hat{y} = b_0 + b_1 x$ ，並將其繪在(a)的散布圖上；

(d)爲眞羣體歸線的斜率 β_1 設立一個 95 % 的信任區間；

(e)設顯著水準爲 $\alpha = 0.05$ ，試對對立假設 $H_1 : \beta_1 < 0$ 檢定虛無
假設 $H_0 : \beta_1 = 0$ 。

(f)試分別計算以下各年份中古車的平均售價估計值，並爲各年份的
平均售價設立一個 95 % 的信任區間：

(1) $x_0 = 2.5$ ；

(2) $x_0 = \bar{x} = 5.5$ ；

(3) $x_0 = 9.5$ 。

(g)我們能不能應用樣本廻歸線預測一輛 20 年中古車的平均售價？試
說明你的理由。

12-7

x	1	2	3	4	5	6	7	8	9	10
y	24.5	18.0	20.0	20.0	17.0	12.0	11.5	6.9	6.0	4.7
$\hat{y}$	23.8	21.7	19.5	17.3	15.1	13.0	10.8	8.6	6.5	4.3
e_i	0.7	−3.7	0.5	2.7	1.9	−1	0.7	−1.7	−0.5	0.4

(a)圖略。

(b)計算得 $b_0 = 26$　　$b_1 = -2.17$　　$SSE = 30.12$

$MSE = 3.765$

(c)略，但知 $\hat{y}_i = 26 - 2.17x$

(d) $S\{b_1\} = \sqrt{\dfrac{MSE}{\Sigma(x_i - \overline{x})^2}} = \sqrt{\dfrac{3.765}{82.5}} = 0.214$

$(\Sigma(x_i - \overline{x})^2 = \Sigma x_i^2 - n \cdot \overline{x}^2)$

其 95 % 信任區間於 $-2.17 \pm 2.306 \times 0.214$

為　$-2.66 \sim -1.68$

$(t(0.975 ; 8) = 2.306)$

(f)(1) $x_0 = 2.5$

$S\{\hat{y}_h\} = \sqrt{MSE \times (\dfrac{1}{n} + \dfrac{(x_h - \overline{x})^2}{\Sigma(x_i - \overline{x})^2}} = 0.89$

其 95 % 之信任區間於　$20.6 \pm 2.306 \times 0.89$

為　$18.5 \sim 22.7$

(2) $x_h = \overline{x} = 5.5$　$S\{\hat{y}_h\} = 0.61$

其 95 % 之信任區間於：$14.1 \pm 2.306 \times 0.61$

為　$12.7 \sim 15.5$

(3) $x_h = 9.5$　$S\{\hat{y}_h\} = 1.05$

其 95 % 之信任區間於　$5.4 \pm 2.306 \times 1.05$

為　$3.0 \sim 7.8$

(g)不可；因所討論的廻歸線的攸關區域為　$x = 1 \sim 10$

而　$x_h = 20$ 已超出我們所討論的範圍。

12-8 已知樣本資料如下：

x	1	2	3	4	5
y	0.9	2.1	2.5	3.3	3.8

(a)繪製散布圖；

(b)計算最小平方估計值 b_0 和 b_1；

(c)找出樣本廻歸線 $\hat{y} = b_0 + b_1 x$，並將其繪在(a)的散布圖上；

(d)計算各別殘差 e_i，並證明其和為 0；

(e)計算誤差平方和 SSE：

　　(1)應用(a)的結果計算，加總各別殘差的平方；

　　(2)應用公式（13-13）第二式計算。

12-8

x_i	1	2	3	4	5
y_i	0.9	2.1	2.5	3.3	3.8
$\hat{y}_i$	1.12	1.82	2.52	3.22	3.92
e_i	−0.22	0.28	−0.02	0.08	−0.12

(a)圖略。

(b)計算得　$b_0 = 0.42$　　$b_1 = 0.7$

(c)廻歸為　$\hat{y}_i = b_0 + b_1 x_i = 0.42 + 0.7 x_i$

(d)由上知　$\Sigma e_i = 0$

(e)誤差平方 $= \Sigma e_i^2$ 亦為 SSE

　　　$\Sigma e_i^2 = 0.148$

12-9 在一項研究工作，搜集到下表資料：

i	1	2	3	4	5	6	7	8
x_i	7.5	9	6.5	8.3	7	6	8	8.5
y_i	155	198	130	375	140	115	165	180
w_i	32	37	40	36	35	38	37	39

(a)試分別作(1) x 與 y (2) w 與 y 的散布圖。

(b)就(a)的散布圖有何發現？試說明之。

12-9 (a)(1)

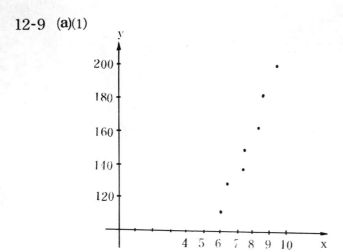

(2)

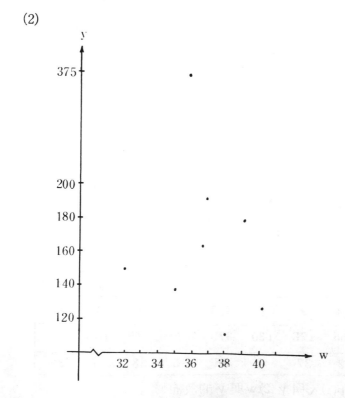

(b)由圖可見 x 與 y 幾乎成直線關係，w 與 y 的相關性則較低。

12-10 (a)有一位同學把簡單直線廻歸模式寫成 $Y_i = \beta_0 + \beta_1 x_1$，試指出其錯誤。

(b)欲分析電影院觀眾人數（X）與該戲院飲食部營業額（Y）間的關係，引用簡單直線廻歸模式是否合理？尚有那些因素可能影響於營業額呢？

12-10 (a)缺一誤差項 ε_i

(b)不合理，其他如電影放映時間及食物種類、口味及價格也會影響營業額。

12-11 下列身高與體重的數據為最近數屆健美小姐的記錄。

身高（吋）	65	67	66	65.5	65	66.5	66	67	66
體重（磅）	114	120	116	118	115	124	124	115	116

身高（吋）	69	67	65.5	68	67	68	69	68
體重（磅）	135	125	110	121	118	120	125	119

(a)試點繪散布圖。

(b)計算 r 值。

12-11 (a)圖略。

(b)由計算得　$r = 0.69$ 。

12-12 健安高中的 16 位學生入學考數學及高一數學成績如下：

入學考	68	77	79	88	91	71	77	70	18	85	56
高　一	47	75	57	82	86	65	87	40	56	68	30

入學考	96	61	71	75	81
高　一	100	57	83	82	80

(a)試點繪散布圖，並指出「奇特」點。

(b)計算 r 值。

12-12 (a)圖略。

(b) $r = 0.583$ 。

12-13 在下列各題中，你會期望正、負還是零相關？

　　(a)房地產公司的銷售員人數和總銷售金額。

　　(b)全國職業棒球隊的排名與薪津支付。

　　(c)橋牌賽中的得分與報參加名比賽次數。

　　(d)成人年齡與其維持體力練習的能力。

12-13 (a)正相關。

　　(b)正相關。

　　(c)不相關。

　　(d)負相關。

12-14 劉記汽車用品公司的經理已知該店每月由銷售神電牌汽車電池所獲
利潤（y）為

$$y = 10x - 145$$

X 表示一個月售出的該牌電池個數

　　(a)若一月份售出 41 個電池，則利潤為若干。

　　(b)至少必須售出多少個才會有利可圖。

12-14 (a) 265。

　　(b)至少須售 15 個方有利可圖。

12-15 試繪下列數據的散布圖，並計算其相關係數。

x	1	3	2	4	5
y	1	1	3	4	6

12-15 圖略，而 r = 0.82。

12-16 (a)點繪下列數據的散布圖。

　(i)
x	−1	3	1	5	3
y	2	4	0	6	3

　(ii)
x	−1	3	1	5	2
y	6	0	3	2	4

　　(b)計算(i)的相關係數 r。

　　(c)猜測(ii)的相關係數 r，再計算 r。

12-16 (a)圖略。

    (b) r ＝ 0.78 。

    (c) r ＝ － 0.75 。

12-17 由 n ＝ 48 組（ x , y ）的數據，得到下列結果

$$\Sigma（x_i － \overline{x}）＝ 260.2 , \Sigma（y_i － \overline{y}）^2 ＝ 403.7$$
$$\Sigma（x_i － \overline{x}）（y_i － \overline{y}）＝ 298.8$$

試求其相關係數。

12-17 $r ＝ \dfrac{\Sigma（x_i － \overline{x}）（y_i － \overline{y}）}{\sqrt{\Sigma（x_i － \overline{x}）^2 \Sigma（y_i － \overline{y}）^2}} ＝ \dfrac{298.8}{\sqrt{260.2 \times 403.7}}$

      $＝ 0.922$

12-18 對於一組（ x , y ）的數據，得出如下結果。

$$n ＝ 26 \quad \Sigma x ＝ 1207 \quad \Sigma y ＝ 1287$$
$$\Sigma x_i^2 ＝ 59059 \quad \Sigma y_i^2 ＝ 66831 \quad \Sigma x_i y_i ＝ 62262$$

試求其相關係數。

12-18 $r ＝ \dfrac{\Sigma x_i y_i － \overline{x} \Sigma y_i － \overline{y} \Sigma x_i ＋ n \overline{x}\,\overline{y}}{\sqrt{\left(\Sigma x_i^2 － \dfrac{（\Sigma x_i）^2}{n}\right)\left(\Sigma y_i^2 － \dfrac{（\Sigma y_i）^2}{n}\right)}} ＝ 0.818$

12-19 永立機械廠 14 條生產線，以 X 表最近的產品件數，以 Y 表鐵屑的
重量（單位磅），資料如下表：

i	1	2	3	4	5	6	7
x_1	55	40	45	50	80	40	60
y_1	875	652	726	809	1287	644	961

i	8	9	10	11	12	13	14
x_1	45	60	80	40	50	80	60
y_1	720	969	1299	633	809	1281	976

假設適宜引用簡單直線廻歸模式。

(a)求各生產線每多增加一件產品，鐵屑平均增加量的 **90** ％信任區

間，如何解釋此一信任係數？

(b)某一生產線擬生產 50 件，試求可能產生的鐵屑重量的 90 ％預測
　　區間，解釋此處預測區間的意義。

(c)試求所有生產 50 件產品的生產線，平均產生的鐵屑重量的 90 ％
　　信任區間。

(d)欲控制各生產線產生鐵屑的重量，前述三個區間何者提供的資訊
　　最有參考價值？試討論之。

12-19 (a)即是對 β_1 求其 90 ％信任區間

由樣本數據得　$b_1 = 16.15$

$$S\{\,b_1\,\} = \sqrt{\frac{MSE}{\Sigma\,(\,x_i - \overline{x}\,)^2}} = \sqrt{\frac{53.8}{2859}} = 0.137$$

因其　$MSE = 53.8$　$\Sigma\,(\,x_i - \overline{x}\,)^2 = \Sigma\,x_i^2 - \dfrac{(\,\Sigma\,x_i\,)^2}{n}$

$$= 2859$$

其 90 ％信任區間於　$16.15 \pm 1.782 \times 0.137$

為　$15.9 \sim 16.4$

即有 90 ％的信心表示每多增加一件產品，鐵屑平均增加量會落於
$15.9 \sim 16.4$ 。

(b)$\hat{Y}_h = 804.9$

$$S\{\,Y_{h(new)}\,\} = \sqrt{53.8 \times (\,1 + \frac{1}{14} + \frac{(\,50 - 56.07\,)^2}{2859}\,)}$$

$$= 7.64$$

其預測生產 50 件其 90 ％預測區間為　$804.9 \pm 1.782 \times 7.64$

為　$791.3 \sim 818.5$ 。

(c)$\hat{Y}_h = 804.9$　而　$S\{\,\hat{Y}_h\,\} = 2.13$

其所有生產 50 件其 90 ％預測區間　$804.9 \pm 1.782 \times 2.13$

為　$801.1 \sim 808.7$ 。

(d)以(c)所提供資訊最有參考價值。

12-20 繼前題，有一位工業工程師指出，β_1 應該等於 16 ，如果大於或小於 16 都表示生產過程不正常。因此欲根據前述資料檢定 β_1 是否等於 16 。

(a)前題(a)是否可用於此項檢定工作？顯著水準是什麼？

(b)檢定 H_0 ：$\beta_1 = 16$ 對 H_1 ：$\beta_1 \neq 16$ ，試以 0.1 為顯著水準檢定之。

12-20 (a)可以，其 $\alpha = 0.1$ 。

(b) $\begin{cases} H_0 : \beta_1 = 16 \\ H_1 : \beta_1 \neq 16 \end{cases}$ $\alpha = 0.1$

若 $\begin{cases} |t^*| \leq t(0.95 ; 12) = 1.782 & 結論 H_0 \\ |t^*| > 1.782 & 結論 H_1 \end{cases}$

$t^* = \dfrac{16.15 - 16}{0.137} = 1.09$ 結論 H_0

12-21 繼前題，以 0.05 為顯著水準，檢定 X 與 Y 間是否有統計關係。

12-21 即檢定 $\begin{cases} H_0 : \beta_1 = 0 \\ H_1 : \beta_1 \neq 0 \end{cases}$ $\alpha = 0.05$

若 $\begin{cases} |t^*| \leq t(0.975 ; 12) = 2.179 & 結論 H_0 \\ |t^*| > 2.179 & 結論 H_1 \end{cases}$

而 $t^* = \dfrac{16.15 - 0}{0.137} = 117.7$ $\therefore$ 結論 H_1

第十三章　簡單線性廻歸的推論

13-1 七星公司以 X 表每週預備投標件數，以 Y 表為準備投標事的工時，最近 8 週的資料記錄如下表：

i	1	2	3	4	5	6	7	8
x_i	6	3	9	6	4	8	2	6
y_i	162	78	225	159	107	212	59	150

(a)求一估計廻歸函數，作圖觀察，對配合情形是否滿意？解釋之。

(b)求(1)準備 5 件標單，平均反應值的點估計值。(2)第三個觀測值的
殘差值。(3)每多準備一件標單，平均反應值增加量的點估計值。

13-1　(a)

i	x_i	x_i^2	y_i	$x_i y_i$	$\hat{y}_i$
1	6	36	162	972	156.99
2	3	9	78	234	79.25
3	9	81	225	2025	234.93
4	6	36	159	954	156.99
5	4	16	107	428	105.03
6	8	64	212	1696	208.95
7	2	4	59	118	53.07
8	6	36	105	900	156.99
Σ	44	282	1152	7327	

$$b_1 = \frac{SS_{xy}}{SS_{xx}} = \frac{7327}{282} = 25.98$$

$$b_0 = \bar{y} - b_1 \bar{x} = 144 - (25.98)(5.5) = 1.11$$

$$y = 1.11 + 25.98x$$

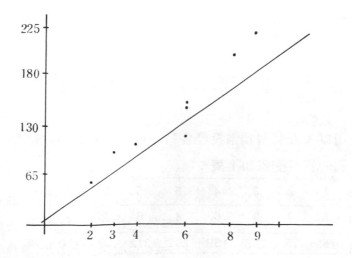

配合情形還好。

(b)(1)即求 $X_h = 5$　　$E\{\hat{Y}_h\} = 13.61$

　　(2)即 $e_i = Y_i - \hat{Y}_i = 225 - 230.71 = -5.71$

　　(3)每多準備一件標單，其反應增加量即是 $b_1 = 24.78$

13-2 有人說「殘差值 e_i 以差數 $y_i - \hat{y}_i$ 估計的」，試指出其錯誤。

13-2 殘差要視為誤差 ε_i 的估計值時，必需符合 ε_i 獨立，定值變異數，以及 $N(0, \sigma^2)$ 的模式。

13-3 參考習題12-9，考慮Y對X的廻歸，已知 $b_0 = -45.01455$，$b_1 = 26.61376$

(a)求各殘餘值？

(b)計算 Σe_i^2，這值如何稱呼？

(c)當考慮自變數時，Y的差異趨勢相對減少多少？此數如何稱呼？

(d)此處引用自變數的知識，是否有助於預測Y值？

13-3 (a)

x_i	7.5	9	6.5	8.3	7	6	8	8.5
y_i	155	198	130	175	140	115	165	180
$\hat{y}_i$	154.6	194.5	128.0	175.9	141.3	114.7	167.9	181.2
e_i	0.41	3.5	2	-0.9	-1.3	0.3	-2.9	-1.2

(b) $\Sigma e_i^2 = 28.85$ 此值亦稱為 SSE。

(c)即為 $r^2 = 0.995$ 稱之為判定係數。

(d)因為 r^2 即是考慮x之後其Y量變化之相對減少程度為 0.995 故有助於Y值之預測。

13-4 參考習題12-9，考慮Y對W的廻歸，已知這時 $b_0 = 199.91379$，$b_1 = -1.16092$，試回答前題諸問題。

13-4 作法如上題。

13-5 有一段討論談到：「我們雇用的打字員，大多數隨著經驗的增長，在打字速度與正確程度都有提高。我們設計二套測驗以衡量每位打字員目前的打字能力。速度測驗成績與其實際執行工作之速度能力的相關係數為 +0.85，而正確測驗成績與實際正確能力的相關係

數爲 + 0.82 。

(a)如果上述的相關係數都是負數，這二套測驗方法有價值嗎？討論之。

(b)從上述的相關係數，可以說速度的 SSE 比正確度者小嗎？

13-5 (a)若相關係數爲負數，仍有價值，因爲 $0 \leq r^2 \leq 1$，所以 $-1 < r < 1$，故仍有意義。

(b)不可，因爲 $r^2 = \dfrac{SSTO - SSE}{SSTO} = 1 - \dfrac{SSE}{SSTO}$

此兩者之 r^2 之大小是相對於 SSTO 來比較，故只能說速度之 $\dfrac{SSE}{SSTO}$ 小於正確度之 $\dfrac{SSE}{SSTO}$ 。

13-6 配合簡單直線廻歸模式，得到 $b_0 = 2.0$，$b_1 = 0$，試解釋下列各事是眞或假：

(1) $SSTO = 0$　　(2) $r^2 = 0$　　(3) $r = 0$　　(4) $SSTR = SSE$

(5) $SSE = SSTO$　　(6) $SSTO \neq SSTR + SSE$

13-6 (1) $SSTO = 0$　　　　　　　不是

(2) $r^2 = 0$　　　　　　　是的

(3) $r = 0$　　　　　　　是的

(4) $SSTR = SSE$　　　　　不是

(5) $SSE = SSTO$　　　　　是的

(6) $SSTO \neq SSTR + SSE$　不是

13-7 勝利公司有十家生產相同製品的工廠，在本項研究期間內，各廠製品單位數以 X 表之（單位千件），所使用工時數，以 Y 表之（千工時），資料如下表：

廠別(i)	1	2	3	4	5	6	7	8	9	10
x_i	5.0	3.5	10.0	5.0	6.5	6.0	7.1	2.5	3.0	4.2
y_i	25.5	20.0	48.0	26.0	32.5	30.6	35.5	15.5	18.3	22.0

(a)公司總經理室一位課長，認為第三家工廠生產效率最高，因為他以各廠每單位製品所使用工時（ Y／X ）加以衡量，得到第三家工廠此項比率最低，你是否同意他的看法？

(b)試分析各廠生產單位與使用工時的關係，使用簡單直線廻歸模式是否妥當？

(c)就你的發現，試評估各廠的生產效率。

13-7 (a)不同意，須由其廻歸直線加以判斷。

(b)是的；因若由直線廻歸可求得 $r = 0.9989$ 故可知為高度相關其以簡單直線廻歸是合理的。

(c)由數據可求得 $\hat{Y}_i = 4.61 + 4.32X_i$

i	1	2	3	4	5	6	7	8	9	10
X_i	5	3.5	10	5	6.5	6	7.1	2.5	3.0	4.2
Y_i	25.5	20	48	26	32.5	30.6	35.5	15.5	18.3	22
$\hat{Y}_i$	26.2	19.7	47.8	26.2	32.7	30.5	35.2	15.4	17.6	22.7
e_i	-0.7	0.3	0.2	-0.2	-0.2	0.1	0.3	0.1	-0.7	-0.7

若 $e_i < 0$ 則可知其效率較佳。

13-8 有一位同學問道：檢定 $H_0: \beta = 0$ 對 $H_1: \beta \neq 0$，使用F檢定，為什麼採用右尾檢定，而不是雙尾檢定？試解說明白。

13-8 因 $F^* = \dfrac{MSR}{MSE}$ 用以檢定 $\beta = 0$

若是 F^* 小則其表示 MSR 愈小其 $\Sigma(\hat{Y}_i - \bar{Y})^2$ 小即表示其 b 愈小以至於 0 故用右尾檢定。

13-9 在一簡單直線廻歸模式，已知道 $\sigma^2 = 100$ 及 $\Sigma(x_i - \bar{x})^2 = 50$，試分別就 $\beta = 0$，10，-10 與 50，求 E（MSE）與 E（MSR）就求得的結果，觀察公式對其棄卻域的定法有無道理？

13-9

β	0	10	-10	50
E(MSE)	100	100	100	100
E(MSR)	100	5100	5100	125100

知當 β_1 愈大時，其 $F^* = \dfrac{MSR}{MSE}$ 愈大，其對棄卻域之訂定有其道理。

13-10 試就下述各問題，說明求信任區間或預測區間何者比較適宜。

(a)性向測驗成績 100 分的應徵者，其工作表現的平均等級。

(b)預期明年度全國電器品外銷總額為 125.62 億元，新寶公司明年度的外銷額如何？

(c)可支配所得 18,000 元的家庭，用在餐館外食的金額多少？

13-10 (a)信任區間。

(b)預測區間。

(c)信任區間。

13-11 隨機選取 25 家自助餐廳，以 x 表各家雇用員工數，以 y 表各家每月淨利（單位萬元），蒐集到的資料經計算整理後，得各分布值與殘餘值如下表：

i	1	2	3	4	5	6	7	8	9	10
y_i	3.13	4.17	3.72	4.46	4.76	3.28	4.46	5.06	3.65	5.06
e_i	-.633	.021	.245	.286	-.459	.341	.076	.494	.339	-.155

i	11	12	13	14	15	16	17	18	19
y_i	3.95	5.06	3.43	4.67	3.28	3.65	4.46	3.13	5.06
e_i	.433	-.455	.091	.34	-.161	.099	-.264	-.433	-.705

i	20	21	22	23	24	25
y_i	3.72	4.17	3.43	4.17	4.76	3.57
e_i	.495	.432	-.129	.24	.06	.203

(a)試繪製殘值點散布圖。

(b)根據殘值分析，簡單直線廻歸模式是否妥當，就你的發現寫一篇
報告。

13-11 (a)圖略。

13-12 參考習題12-20

(a)求殘差值。

(b)繪殘值點散布圖，分析這些資料配合簡單直線廻歸模式是否妥
當。

13-12 (a) $\hat{y} = -2.71 + 16\hat{x}$

i	1	2	3	4	5	6	7
x_i	55	40	45	50	80	40	60
y_i	875	652	736	809	1287	644	961
$\hat{y}_i$	885.6	643.4	724.1	804.9	1289.4	643.4	966.4
e_i	10.6	-8.7	-1.9	-4.1	2.4	-0.7	5.4

i	8	9	10	11	12	13	14
x_i	45	60	80	40	50	80	60
y_i	720	969	1299	633	809	1281	976
$\hat{y}_i$	724.1	966.4	1289.4	603.4	804.9	1289.4	966.4
e_i	4.1	-2.6	-9.6	10.4	-4.1	8.4	-9.6

(b)

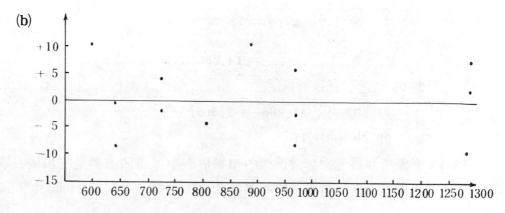

由殘差圖可知其殘差爲隨機分布，所以妥當。

13-13 參考習題 12-20

　　(a)求殘差值，並繪製殘值點散布圖。

　　(b)從圖上是否看出廻歸函數爲直線？誤差項變異數爲常數？

　　(c)誤差項符合常態分布的假設嗎？

13-13 (a)同 13-12 (a)、(b)。

　　(b)從圖上，再由原本假設而得的線性模式，可知廻歸函數爲直線，
　　　　而誤差近似正常分布，故變異數爲常數。

　　(c)是的。

13-14 一雜貨店老闆發現其售出的鷄蛋數和售價有關。下表爲其十天所售
　　　蛋數和售價的情形。試畫出這些資料並導出廻歸方程式。由廻歸方
　　　程式你能預測每打售 43 元時可賣出多少蛋嗎？

售價（元爲單位）	27	29	29	33	34	39	49	53	59
所售蛋的打數	96	85	92	84	83	76	74	68	66

13-14 令其　$\alpha = 0.05$

　　依計算可得　$\hat{y} = 112.75 - 0.826 x_i$

　　又　$MSE = \dfrac{88.93}{7} = 12.7$

$$\Rightarrow \quad S^2 \{ y_{h(new)} \} = 12.70 \times \left[1 + \frac{1}{9} + \frac{(43 - 39.11)^2}{\sum x_i^2 - n\bar{x}^2} \right]$$

$$= 14.286$$

　　則 95 %之信任預測區間

　　　$77.232 \pm \sqrt{14.286} \times 2.365$

　　　$68.29 \sim 86.17$

13-15 下表所列爲光明牌清潔劑的市場佔有率，該佔有率是上市後月數的
　　　函數。試畫出這些資料和求得的廻歸直線，並預測 24 個月後該產

品的佔有率。

月　數	0	3	6	9	12	15	18
百分比	0	3	4	8	12	14	16

13-15 令　$\alpha = 0.05$

依計算可得　$\hat{y}_i = -0.214 + 0.929\,x_i$

$$MSE = \frac{3.571}{(7-2)} = 0.714$$

$$S^2\{y_{h(new)}\} = 0.714 \times \left[1 + \frac{1}{7} + \frac{(x_{h(new)} - \overline{x})^2}{\sum(x_i - \overline{x})^2}\right]$$

$$= 1.454$$

其 95％之信任預測區間

$$22.071 \pm \sqrt{1.454} \times 2.571$$

為　$18.97 \sim 25.17$

第十四章　複廻歸分析

14-1 假設藥品緊急輸送所需的時間（Y），與輸送件數（x_1）及輸送哩程（x_2）有關，$y_i = \beta_0 + \beta_1 x_{i1} + \beta_2 x_{i2} + \varepsilon_{ij}$，各參數值為 $\beta_0 = 8$，$\beta_1 = 5$，$\beta_2 = 3$，$\sigma^2 = 1$。

(a)試解釋此處 β_1 與 β_2 的意義，

(b)若 $x_1 = 2$ 與 $x_2 = 4$，試求 Y 小於 30 分鐘的機率。

14-1 (a)(1) β_1：表在其他狀況不變（包括輸送哩程）的情況下，其輸送件數每增加一單位時其所需的時間。

(2) β_2：在其他狀況不變（包括輸送件數）的情況下，其輸送哩程增加一單位時，其所需的時間。

(b) $Y_i = 8 + 5 \times 2 + 3 \times 4 = 30$

其 Y 小於 30 分的機率為　$Z(0,0) = 0.5$

14-2 消費者協會隨機調查三十位家庭主婦，搜集各家庭所使用的洗衣機購價（x_1）與使用年數（x_2），並表示對洗衣機修理費願付的最高金額（Y）。配合 $y_i = \beta_0 + \beta_1 x_{i1} + \beta_2 x_{i2} + \varepsilon_{ij}$ 的迴歸模式，計算得下列結果：$b_0 = 42.91717$，$S(b_0) = 2.58426$，$b_1 = 0.30235$，$S(b_1) = 0.00808$，$b_2 = -2.71169$，$S(b_2) = 0.21333$，$SSR = 13,187.9004$，$SSE = 205.9663$。

(a)寫出本題的變異數分析表。求 R^2。

(b)以 0.05 為顯著水準，檢定是否存在迴歸關係。

(c)以(b)中的結論是否表示 x_2 與 Y 有關？

(d)求下述的 95 % 信任區間：(1)購價每增加一元，使用時間維持常數，平均反應值的改變量；(2)使用時間增加一年，購價維持常數，平均反應值的改變量。並說明區間的意義。

(e)以 0.05 為顯著水準，檢定 $H_0 : \beta_2 = 0$ 對 $H_1 : \beta_2 \neq 0$。

(f)當 $x_{01} = 275$ 與 $x_{02} = 4$ 時，電腦計算得 $y_0 = 115.2162$ 及 $S^2(y_0) = 0.3036$。求所有使用的洗衣機，其購價為 275 美元，已使用 4 年的家庭主婦，願付修理費用平均值的 95 % 信任區間。

(g)有一位家庭主婦，她使用的洗衣機購價 275 元，已使用 4 元，試預測她願付修理費最高金額，以 95 % 預測區間求之。

14-2 (a)

變異來源	SS	df	MS
迴　　歸	13187.9004	2	6593.9502
誤　　差	205.9663	27	7.6284
總　　和	13393.8667	29	

$$R^2 = \frac{SSR}{SSTO} = 0.985$$

(b) $\begin{cases} H_0 : \beta_1 = \beta_2 = 0 \\ H_1 : 至少有一不為 0 \end{cases}$ α 被控制於 0.05

若 $\begin{cases} F^* \leq F(0.95 ; 2.27) = 19.455 \text{ (以內插法求得)} 結論 H_0 \\ F^* > 19.455 \text{ 結論 } H_1 \end{cases}$

$$F^* = \frac{MSR}{MSE} = \frac{6,593.9502}{7.6284} = 864.4 \quad \therefore 結論\ H_0$$

即有 95 ％的信心其有廻歸關係存在。

(c)不是。

(d)(1)即是對 b_1 之 95 ％區間估計

$$0.30235 \pm t\,(\,1 - 0.025\ ;\ 30 - 3\,) \times 0.00808$$

故其 95 ％區間估計爲 $0.2858 \sim 0.3189$

(2)爲對 b_2 之 95 ％區間估計

$$-\,2.71169 \pm 2.052 \times 0.21333$$

爲　$-\,3.1289 \sim -\,2.2945$

(e) $\begin{cases} H_0\ :\ \beta_2 = 0 \\[4pt] H_1\ :\ \beta_2 \neq 0 \end{cases}$ 　　α 被控制於 0.05

If $\begin{cases} \mid t^* \mid\ \leq\ t\,(\,0.975\ ;\ 27\,) = 2.052 & 結論\ H_0 \\[4pt] \mid t^* \mid\ >\ t\,(\,0.975\ ;\ 27\,) = 2.052 & 結論\ H_1 \end{cases}$

$$t^* = \frac{b_2}{S\,\{\,b_2\,\}} = \frac{-\,2.71169}{0.21333} = -\,12.71 \quad 故結論\ H_1$$

即有 95 ％的信心 $\beta_2 \neq 0$ 。

(f)其修理費平均值之 95 ％信任區間

$$115.2162 \pm \sqrt{0.3036} \times t\,(\,0.975\ ;\ 27\,)$$

爲　$114.086 \sim 116.347$

(g)預測值之 95 ％信任區間

$$115.2162 \pm \sqrt{MSE + 0.3036} \times 2.052$$

爲　$109.4370 \sim 120.9954$

14-3　有一位工業工程師分析冷凍室的溫度（x_1）與儲存物密度（x_2）對儲存物保鮮天數（Y）的影響。自變數以與常態水準的差距來衡量，比如 $x_{11} = -\,10$ ，表示第一個觀測值溫度低於常態水準 $10\ ℃$ 而 $x_{12} = -\,10$ ，表示第一個觀測值儲存物密度低於常態水準 10 個百分點。搜集到的資料如下表：

i	1	2	3	4	5	6	7	8	9
x_{i_1}	-10	0	+10	-10	0	+10	-10	0	+10
x_{i_2}	-10	-10	-10	0	0	0	+10	+10	+10
y_i	196	169	138	179	158	122	164	139	108

假設適宜採用模式　$y_i = \beta_0 + \beta_1 x_{i_1} + \beta_2 x_{i_2} + \varepsilon_{ij}$

(a)試利用正規方程組驗證廻歸函數的估計式為

$$\hat{y} = 152.556 - 2.805 x_1 - 1.533 x_2 \text{ 。}$$

本題自變數的和都等於 0 ，是否有比較簡捷的計算公式？

(b)分別說明冷凍室的溫度與儲存物的密度如何影響於儲存物的保鮮天數。

(c)寫出本題的變異分析表。

(d)求 σ^2 的點估計值，誤差項的標準差與溫度、密度都定在常態水準時的情形比較，較大或較小呢？

(e)說明此處 R^2 的意義。

(f)以 0.01 為顯著水準，檢定是否存在有廻歸關係。

(g)你認為 $y_i = \beta_0 + \beta_1 x_{i_1} + \beta_2 x_{i_2} + \varepsilon_{ij}$ 模式適合嗎？以(f)的結論說明之。

(h)求殘餘值。這些殘餘值之和有沒有等於 0 ？

(i)繪配合值與殘餘值（$\hat{y}_i$, e_i）的散佈圖。試分析廻歸函數是否適宜，及誤差項的變異數是否為常數。

14-3 (a)是；其較簡捷的公式為

$$\begin{cases} \Sigma y = n b_0 \\ \Sigma x_1 y = b_1 \Sigma x_1^2 + b_2 \Sigma x_1 x_2 \\ \Sigma x_2 y = b_1 \Sigma x_1 x_2 + b_2 \Sigma x_2^2 \end{cases}$$

(b)若其他情況不變（包括密度）其冷凍室溫度每增加一度，其保鮮天數便減少 2.85 天。

若其他情況不變（包括冷凍室溫度）其密度每增加一個百分點，

其保鮮天數便減少1.533天。

(c)

來　　源	SS	df	SE
廻　　歸	6283.55	2	3141.775
誤　　差	48.06	6	8.01
總　　計	6331.61	8	

(d) σ^2 之點估計爲 MSE $= 8.01$ ，其誤差項之標準差爲 2.4 。

(e) R^2 爲判定係數，即 R^2 愈接近 1 模式與數據的配合愈佳。

(f) $\begin{cases} H_0 : \beta_1 = \beta_2 = 0 \\ H_1 : \beta \text{ 並非全爲 } 0 \end{cases}$ $\quad \alpha$ 被控制於 0.01

若 $\begin{cases} F^* \leq F(0.99 ; 2.6) = 99.33 & \text{結論 } H_0 \\ F^* > 99.33 & \text{結論 } H_1 \end{cases}$

$$F^* = \frac{MSR}{MSE} = \frac{3141.775}{8.01} = 392.2 \qquad \text{結論 } H_1$$

故有廻歸關係存在。

(g) 適合。

(h)

i	1	2	3	4	5	6
e_i	-0.386	1.114	-1.386	-2.056	5.444	2.065
i	7	8	9			
e_i	-1.726	1.774	-0.726			

(i) 圖略。

14-4 參考習題14-2。已知配合值與殘餘值如下表：

i	1	2	3	4	5	6	7
$\hat{y}_i$	86.5	101.9	146.0	103.1	115.5	111.3	127.0
e_i	3.51	-4.93	-1.04	1.89	-0.49	-1.31	-2.05

i	8	9	10	11	12	13	14
$\hat{y}_i$	92.5	95.0	98.9	140.6	157.8	78.1	91.7
e_i	-2.55	-2.98	1.10	4.39	0.18	-1.06	-1.66

i	15	16	17	18	19	20	21
$\hat{y}_i$	121.0	122.5	113.4	126.4	80.2	95.9	103.7
e_i	4.05	-0.47	1.60	-1.37	-0.18	4.12	1.28

i	22	23	24	25	26	27	28
$\hat{y}_i$	84.1	91.7	111.3	106.8	100.5	120.7	140.0
e_i	0.90	-1.65	-1.26	3.23	5.53	-0.69	-0.03

i	29	30					
$\hat{y}_i$	144.3	83.8					
e_i	-4.26	-3.79					

(a)繪配合值與殘餘值（$\hat{y}_i$, e_i）的散佈圖，試分析廻歸函數是否適宜，及誤差項的變異數是否為常數。

(b)分析誤差項是否接近於常態分布。

14-4 (a)

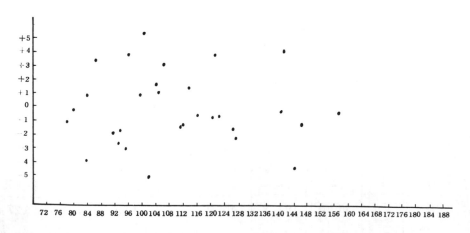

由散布圖可知，廻歸函數為適宜，變異數為常數。

(b)根據(a)誤差項近於常態分析。

14-5 最近 12 批焊接管子資料如下表，x 表每批管子支數，Y 表每批管

子經檢驗員發覺不合格支數。

i	1	2	3	4	5	6	7	8	9	10	11	12
x_i	8	5	10	10	7	8	5	10	4	5	12	6
y_i	451	306	523	518	400	431	302	509	260	296	592	362

分析師相信廻歸函數為直線或二次式，二者必有其一。

(a)寫出二次式廻歸模式。

(b)配合二次模式的計算結果為：$b_0 = 37.64679, S(b_0) = 24.48203$，
$b_1 = 59.044$，$S(b_1) = 6.73484$，$b_2 = -1.09054$，$S(b_2)$
$= 0.42735$，$MSE = 59.88804$ 取 0.1 為顯著水準，檢定曲線效
果項是否可自模式中抽去？

(c)在(b)的結論中，羣體廻歸函數成為什麼形式？

14-5 (a) $\hat{y}_i = \beta_0 + \beta_1 x + \beta_2 \hat{x}_i^2 + \varepsilon_i$

(b) $\begin{cases} H_0 : \beta_2 = 0 \\ H_1 : \beta_2 \neq 0 \end{cases}$ $\alpha = 0.1$

$\begin{cases} t^* > t(1 - \alpha ; n - 3) & \text{結論 } H_0 \\ t^* \leq t(1 - \alpha ; n - 3) & \text{結論 } H_1 \end{cases}$

$t^* = \dfrac{b_2}{S(b_2)} = \dfrac{-1.09054}{0.42735} = -2.55$

$t(1 - \alpha ; n - 3) = (0.9 ; 9) = 1.383$

∵ $t^* < t$ ∴ 結論 H_1，曲線效果不可自模式抽去。

(c) $\hat{y}_i = 37.64679 + 59.044 x - 1.09054 x^2$。

14-6 參考習題 13-1 與 13-14。有人說道，取 $\log Y$ 對 X 的直線廻歸比
Y 對 X 更適宜。

(a)試寫出 $\log Y$ 對 X 的直線廻歸模式。

(b)求(a)之配合廻歸函數。

(c)作 $\log Y$ 對 X 之直線廻歸的殘差值分析，與習題 13-14 的結果做
一比較．Y 或 $\log Y$ 何者較適宜當做反應變數？

14-6

X	6	3	9	6	4	8	2	6
log Y	2.21	1.89	2.35	2.20	2.05	2.33	1.77	2.8

(a) $Y_i' = \log Y_i = \beta_0 + \beta_1 x_i + \varepsilon_i$

(b) $Y' = \log Y = 1.662 + 0.084 x$

(c)

i	1	2	3	4	5	6	7	8	9
e_i	−0.02	+0.02	−0.01	0.01	0	0.02	−0.01	0.01	−0.01

$Y : SSE = 90.88$

$\log Y : SSE = 0.0017$

∴ $\log Y$ 較適合當反應變數。

14-7 參考習題 12-20 。在這項研究中，使用二種設計相異的焚化爐。令 $x_2 = 0$ 表第一種焚化爐，$x_2 = 1$ 表第二種。x_1 爲習題 12-20 之 X 。Y 與原題相同。習題 12-20 的資料，前三座焚化爐是第一種，其餘爲第二種。假設可引用模式 $y_i = \beta_0 + \beta_1 x_{i_1} + \beta_2 x_{i_2} + \varepsilon_{ij}$

(a) 試寫出本題的迴歸模式。

(b) 試分別寫出 $x_2 = 0$ 與 $x_2 = 1$ 的反應函數，分別解釋 β_1 與 β_2 之意義。

(c) 配合模式計算得之結果爲：$b_0 = 1.18012$ ，$S(b_0) = 0.12859$ ，$b_1 = 1.73328$ ，$S(b_1) = 0.05038$ ，$b_2 = -0.47429$ ，$S(b_2) = 0.06666$ ，$SSR = 11.6147$ ，$SSE = 0.0653$ ，求 β_2 之 90% 信任區間。解釋區間的意義，是否可以說明焚化爐的差異對修復費用有影響？

14-7 (a) $y_i = \beta_0 + \beta_1 x_{i_1} + \beta_2 x_{i_2} + \varepsilon_i$ ，$i = 1 , 2 , \cdots\cdots , n$

β_0 ，β_1 ，β_2 爲參數

ε_i 爲 $N(0 , \sigma^2)$

(b) $E(Y_i) = \beta_0 + \beta_1 x_{i_1} + \beta_2 x_{i_2}$ ，$i = 1 , \cdots\cdots , 14$

$x_2 = 0 \Rightarrow E(Y_i) = \beta_0 + \beta_1 x_{i_1}$ ，$i = 1 , \cdots\cdots , 14$

此代表當此實驗使用第一種焚化爐時之反應函數，

其中 β_0 表此函數之截距項，β_1 表斜率項。

$$x_2 = 1 \quad \Rightarrow \quad E(Y_i) = \beta_0 + \beta_1 x_{i_1} + \beta_2$$
$$= (\beta_0 + \beta_2) + \beta_1 x_{i_1}$$

此代表此實驗使用第二種焚化爐時之反應函數，

其中 $\beta_0 + \beta_1$ 表此函數之截距項，β_1 表斜率項。

可知 β_2 為此二種焚化爐之差異，而斜率相同為 β_1 。

(c) $b_2 - t_2 S(b_2) < \beta_2 < b_2 + t_2 S(b_2)$

$$-0.47429 - 1.796 \times 0.06666 < \beta_2 < -0.47429 + 1.796 \times 0.06666$$
$$-0.59 < \beta_2 < -0.35$$

由區間可以說明，使用第一種焚化爐和第二種焚化爐的平均差異
介於 -0.59 及 -0.35 之間，即有影響。

14-8 在廻歸模式中，獨立變數個數與估計誤差 ε 的變異數 σ^2 相關的自
由度之間有什麼關係。

14-8 若獨立變數個數為 n

則其誤差 ε 的變異數 σ^2 相關的自由度為 $n - p$

p 為參數個數。

14-9 永明公司的大老闆深信公司的資深員工對公司每年的投資方案的投
入要比資淺員工的投入為多。下述的模式被認為足以表示每年投資
金額 Y 與工作年資 X 之間的關係。

$$Y = \beta_0 + \beta_1 x + \beta_2 x^2 + \varepsilon$$

大老闆以去年的資料抽取 $n = 50$ 位員工的紀錄來適配以上的模
式，得出 $\hat{\beta}_2 = 0.0015$ 及 $S\hat{\beta}_1 = 0.000712$ 。由於二次模式的基本形
狀受到 $\beta_2 < 0$ 或 $\beta_2 > 0$ 的影響。利用 $\alpha = 0.05$ 檢定 $\beta_2 > 0$ 是否
成立。

14-9 $\begin{cases} H_0 : \beta_2 \leq 0 \\ H_1 : \beta_2 > 0 \end{cases} \qquad \alpha = 0.05$

$$\Rightarrow \begin{cases} t^* \leq t\ (\ 0.95\ ;\ 47\ ) & \text{結論 } H_0 \\ t^* > t\ (\ 0.95\ ;\ 47\ ) & \text{結論 } H_1 \end{cases}$$

$$\therefore \quad t^* = \frac{0.0015}{0.000712} = 2.11$$

$$t\ (\ 0.95\ ;\ 47\ ) = 1.66$$

$$\therefore \quad t^* > t$$

∴ 結論 H_1：即 $\beta_2 > 0$ 成立。

14-11 周先生對蒐集古式鐘深感興趣，依據他多年的經驗，他認為在古董拍賣場中的古鐘價格隨著該鐘的年代和投標人數的增加而提高，即其模式為：

$$y = \beta_0 + \beta_1 x_1 + \beta_2 x_2 + \varepsilon$$

其中　$x_1 =$ 古鐘的出廠年數

　　　$x_2 =$ 投標人數

　　　$y\ =$ 拍賣價格

由下表的 32 筆資料適配上述模式，利用 $\alpha = 0.05$ 檢定 $\beta_2 > 0$。

年　　　歲 x_1	投標人數 x_2	拍賣售價 y	年　　　歲 x_1	投標人數 x_2	拍賣售價 y
127	13	1,235	170	14	2,131
115	12	1,080	182	8	1,550
127	7	845	162	11	1,884
150	9	1,522	184	10	2,041
156	6	1,047	143	6	854
182	11	1,979	159	9	1,483
156	12	1,822	108	14	1,055
132	10	1,253	175	8	1,545
137	9	1,297	108	6	729
113	9	946	179	9	1,792

137	15	1,713	111	15	1,175
117	11	1,024	187	8	1,593
137	8	1,147	111	7	785
153	6	1,092	115	7	744
117	13	1,152	194	5	1,356
126	10	1,336	168	7	1,262

14-11 略；請使用電腦輸入求解，例 SAS 、SPSS 等軟體。

14-12 烏有市的電力公司去年給一個標準型家庭的平均電費如下：

月　　份	該月平均氣溫 $x_1°F$	該月平均電費 y_1 元
一　月	38	99
二　月	45	91
三　月	49	78
四　月	57	61
五　月	69	55
六　月	78	63
七　月	84	80
八　月	89	95
九　月	79	65
十　月	64	56
十一月	54	74
十二月	41	93

(a)將各點點繪於散布圖。

(b)將點適配 $y = \beta_0 + \beta_1 x + \varepsilon$

試問你所得模式中的結論。

(c)假設另一模式，能較適當地描述每月氣溫和平均電費之間的關

係。

14-12 (a)圖略；

(b) $\hat{y} = \beta_0 + \beta_1 x + \varepsilon$

可得其模式　$\hat{y} = 95.75 - 0.32\hat{x}$

即 $\hat{y}$ 爲該月平均氣溫 x 時之電費。

而 x 每升高 $1°F$，費用均減 0.32 元。

(c)可用對數廻歸模式。

第十五章　變異數分析

15-1　成功水泥廠正從事波特蘭水泥的抗拉強度（kg/cm^2）研究，已知有四種不同的攪拌技術可用，實驗結果得資料如下，試檢定不同的攪拌技術對水泥的抗拉強度沒有影響的虛無假設，設 $\alpha = 0.05$。

攪拌技術	抗拉強度（kg/cm^2）			
I	3,129	3,000	2,865	2,890
II	3,200	3,300	2,975	3,150
III	2,800	2,900	2,985	3,050
IV	2,600	2,700	2,600	2,765

15-1 $\begin{cases} H_0 : \mu_1 = \cdots\cdots = \mu_4 \\ H_1 : 並非任二者均同 \end{cases}$　　α 被控制於 0.05

又　$SSE = 153908.25$　　$MSE = 12825.6875$

　　$SSTR = 489718.94$　　$MSTR = 163239.65$

若 $\begin{cases} F^* \leq F(1-0.05 ; 3 ; 12) = 3.49 & 結論 H_0 \\ F^* > 3.49 & 結論 H_1 \end{cases}$

$F^* = \dfrac{163239.65}{12825.6875} = 12.73$　　結論 H_1 即其 μ 並非完全相同。

15-2　大洋公司的秘書小姐在數種不同的場合曾用過三種不同的打字機打

字，她每分鐘所打的字數如下，應用 $\alpha = 0.05$ ，檢定三個樣本平均數的差異是否可以歸於機遇的原因造成。

打字機型式	每分鐘所打字數					
A	71	75	69	77	61	72	71
B	68	71	74	66	69		
C	75	70	81	73	78	72	

15-2 $\begin{cases} H_0 : \mu_1 = \mu_2 = \mu_3 \\ H_1 : 並非三者均同 \end{cases}$

可求　SSE $= 227.05$　　　MSE $= 18.47$

　　　SSTR $= 85.45$　　　MSTR $= 42.73$

若 $\begin{cases} F^* \leq F(0.95 ; 2 , 15) = 3.68 & 結論 H_0 \\ F^* > 3.68 & 結論 H_1 \end{cases}$

$F^* = 2.31$　結論 H_0 即有 90 % 之信心於三者之 μ 相同。

15-3 一種苗圃用殺蟲劑可以用兩種不同的主要成分及三種不同的添加劑製成，經檢驗不同的主要成分和添加劑所製的殺蟲劑，得知其效果如下，試作雙向變異數分析，檢定(a)主要成分平均數之間的差異是否顯著，和(b)添加劑平均數之間的差異是否顯著。設顯著水平為 $\alpha = 0.05$ 。

主要成分	添　加　劑		
	1	2	3
甲	81	103	118
乙	123	142	180

15-3	1	2	3	
甲	81	103	118	100
乙	123	142	180	148
	102	123	149	124.5

處理平均　H_0 : $\alpha_1 = \alpha_2 = 0$

　　　　　H_1 : $\alpha_1 \neq \alpha_2$

添加劑平均　H_0 : $\beta_1 = \beta_2 = \beta_3 = 0$

　　　　　　H_1 : 至少有一不相等

變異來源	df	SS	MS	F
處理	1	3408.17	3408.17	43.6
區集	2	2221.00	1110.5	14.21
誤差	2	156.33	78.17	
總計	5	5785.5		

$\alpha = 0.05$　　$F(1, 2) = 18.51$

　　　　　　　　$F(2, 2) = 19$

由於處理間的 F 值 = 43.6 > 18.51　　即主要成本間有顯著差異

　　區集間的 F 值 = 14.21 < 19　　因此添加劑間沒有顯著差異

15-4　今根據三種不同的配方分別製成三條麵包放入爐中烘焙。因爲烤爐的效果可能會有沒法控制的差異，每烘焙一次可以視爲一個區集。將這種過程重復試行五次，測得麵包密度的資料如下：

配　方	區			集	
	1	2	3	4	5
甲	0.95	0.86	0.71	0.72	0.74
乙	0.71	0.85	0.62	0.72	0.64
丙	0.69	0.68	0.51	0.73	0.44

試作雙向變異數分析，決定⑴配方效果是否爲 0 ；⑵區集效果是否爲 0 。設 $\alpha = 0.05$ 。

15-4　配方平均　H_0 : $\alpha_1 = \alpha_2 = \alpha_3$

　　　　　　　H_1 : 至少有一不等

區集平均　H_0 : $\beta_1 = \beta_2 = \beta_3 = \beta_4 = \beta_5 = 0$

H_1：至少有一不等

變異來源	df	SS	MS	F
處理	2	0.09	0.04	8.14
區集	4	0.10	0.02	4.64
誤差	8	0.04	0.01	
總和	14	0.23		

$\alpha = 0.05$　$F(2,8) = 4.46 < 8.14$　因此配方間有顯著差異

　　　　　　$F(4,8) = 3.84 < 4.64$　因此烘焙間也有顯著差異

15-5　分別就下述各題，指出 SSTR，SSE 與 SSTO 的自由度：

(a) 4 個處理別，每個處理別有 6 個觀測值。

(b) 3 個處理別，每個處理別有 20 個觀測值。

(c) 6 個處理別，每個處理別有 5 個觀測值。

15-5

自由度	SSTO	SSTR	SSE
(a)	23	3	20
(b)	59	2	57
(c)	29	5	24

15-6　15 位程度相當的學生，隨機安排 5 人編為一組，各組由一位數學老師講授相同的章節，講授完畢 15 位學生都接受相同題目的測驗。結果成績如下表所示：

處理別 j / 觀測別 i	洪老師	白老師	黃老師
1	86	80	88
2	82	69	82
3	91	78	77
4	75	77	84
5	82	83	78

欲研究三位老師的教學效果是否有顯著差異，擬採用單因子變異數分析模式。

(a)求變異數分析表。

(b)以 0.01 為顯著水準，檢定 $H_0 : \mu_1 = \mu_2 = \mu_3$ 對 $H_1 : \mu_j$ 不全相等。

(c)是否應該進一步估計 μ_1，μ_2 與 μ_3 個別的信任區間？說明之。

15-6 (a)

變異來源	SS	d f	MS
處理	91.6	2	45.8
誤差	328.8	12	27.4
總和	420.4	14	

(b) $\begin{cases} H_0 : \mu_1 = \mu_2 = \mu_3 \\ H_1 : 並非三者之 \mu 均同 \end{cases}$ $\alpha = 0.01$

If $\begin{cases} F^* \leq F(0.99 ; 2 , 12) = 6.93 & 結論 H_0 \\ F^* > 6.93 & 結論 H_1 \end{cases}$

$F^* = \dfrac{45.8}{27.4} = 1.67$ 結論 H_0 即有 99 % 之信心於三者之 μ 均同。

(c)當各樣本量 n_j 相等，(1) ANOVA 中的 F 比值對於 3 個群體的變異數相等的假設較不敏感 (2) 減少犯型 Ⅱ 錯誤的機率 (3) SSTR 的計算較為簡單。

15-7 參考前題，資料改為下表，做相同的問題。

處理別 j　觀測別 i	洪老師	白老師	黃老師
1	80	85	89
2	84	88	86
3	86	83	82
4	80	92	89
5	90	87	83

15-7 (a)

變異來源	SS	df	MS
處理	22.8	2	11.4
誤差	160.8	12	13.4
總和	183.6	14	

(b) $\begin{cases} H_0 : \mu_1 = \mu_2 = \mu_3 \\ H_1 : \mu_j \text{ 不全相等} \end{cases}$ α 被控制於 0.01

若 $\begin{cases} F^* \leq F(0.99 ; 2, 12) = 6.93 & \text{結論 } H_0 \\ F^* > 6.93 & \text{結論 } H_1 \end{cases}$

$F^* = 0.85$ ∴ 結論 H_0 即有 99％之信心於三者之 μ 相同。

15-8 雌杜鵑鳥常將蛋生於其他鳥巢中，由別的鳥代為孵蛋，由於杜鵑鳥蛋與其他鳥蛋大小相似，別的鳥經常受騙。某鳥類學家調查這個說法，得出在三種鳥巢內的杜鵑鳥蛋長度（mm）如下：

麻 雀	22.0	23.9	20.9	23.8	25.0
	24.0	21.7	23.8	22.8	23.1
	23.1	23.5	23.0	23.0	
知更鳥	21.8	23.0	23.3	22.4	23.0
	23.0	23.0	22.4	23.9	22.3
	22.0	22.6	22.0	22.1	21.1
	23.0				
鶹 鶺	19.8	22.1	21.5	20.9	22.0
	21.0	22.3	21.0	20.3	20.9
	22.0	20.0	20.8	21.2	21.0

(a)以盒形圖表示。

(b)構建 ANOVA 表。

(c)檢定平均長度是否有差異（$\alpha = 0.05$）？

15-8 (a)圖略

(b)

Source of Variance	SS	df	MS
Treatments	31.11	2	15.555
Error	29.26	42	0.697
Total	60.37	44	

(c) $\begin{cases} H_0 : \mu_1 = \mu_2 = \mu_3 \\ H_1 : 並非三者之 \mu 均同 \end{cases}$ α 被控制於 0.05

若 $\begin{cases} F^* \leq F(0.95 ; 2 , 42) \doteqdot 3.23 & 結論 H_0 \\ F^* > 3.23 & 結論 H_1 \end{cases}$

$$F^* = \frac{15.555}{0.697} = 22.32 \qquad 結論 H_1$$

即有 99％之信心三者之 μ 並非完全相同。

15-9 利華成衣公司的總經理對製男襯衫的混紡纖維的抗張力強度感興趣，他認爲抗張力受其中棉成份的影響，因此取 5 種不同棉含量，每種水準得出 5 個觀測值（實驗爲以隨機順序方式進行）：

含棉百分率	抗張力（lb/ in²)				
15	7	7	15	11	9
20	12	17	12	18	18
25	14	18	18	19	19
30	19	25	22	19	23
35	7	10	11	15	11

(a)含棉百分率不同是否確實造成斷裂力不同，試以點圖及 ANOVA 表比較。

(b)繪製處理平均數和含棉百分率圖，並解說其意義。

15-9 (a)

變異來源	SS	d f	MS
處理	475.76	4	118.94
誤差	161.2	20	8.06
總和	636.96	24	

(b)圖略。

15-10 三位工人製造剎車輪的經驗年資不同，甲有 4 年經驗，乙有 7 年經驗，而丙則僅有 1 年經驗。公司對剎車輪的品質十分關切，是以規定直徑和實際直徑的差爲衡量標準。某天領班由各人所製剎車輪中分別隨機抽取 9 個進行檢驗，結果如下：

工　人	精密度（ 1／100 in.）								
甲	2	3	2.3	3.5	3	2	4	4.5	3
乙	1.5	3	4.5	3	3	2	2.5	1	2
丙	2.5	3	2	2.5	1.5	2.5	2.5	3	3.5

試問三工人的產出是否有顯著差異存在（ $\alpha = 0.05$ ）？

15-10 $\begin{cases} H_0 : \mu_1 = \mu_2 = \mu_3 \\ H_1 : 並非三者之 \mu 均同 \end{cases}$ α 被控制於 0.05

SSE $= 17.2$ MSE $= 0.72$

SSTR $= 1.55$ MSTR $= 0.775$

若 $\begin{cases} F^* \le F（0.95 ; 2 ; 24）= 3.40 & 結論 H_0 \\ F^* > 3.40 & 結論 H_1 \end{cases}$

$F^* = 1.08 < 3.40$ 結論 H_0

即有 95 ％之信心於三者之 μ 均同。

15-11 爲了比較不同的算術教學法是否有顯著教學效果，將 45 位學生隨機分成 5 組，其中二組仍用目前的方法，其他三組各施以不同教學法，當學期末時，每位學生參加一標準化考試，結果如下：

A組： 17　14　24　20　24　23　16　15　14

B組： 21　23　13　19　13　19　20　21　16

C組： 28　30　29　24　27　30　28　28　23

D組： 19　28　26　26　19　24　24　23　22

E組： 21　14　13　19　15　15　10　18　20

⒜分析上述數據，第一個步驟就是計算各組平均數、中位數、四分位數、中四分位距以及標準差，其次分別繪製盒形圖，試問由其中你可得出何種結果？

⒝由於學生爲隨機分派至各組，因此可進行諸如假說檢定之類的統計推論工作，試問是否滿足ANOVA的假設？如果滿足，再進行ANOVA分析，試問由ANOVA表中所得資訊是否比盒形圖結果的資訊爲多？

15-11 (a)

	$\overline{x}$	Md	四分位數	中四分位距
A	18.56	17	15	8
B	18.33	19	16	3
C	27.44	28	27	1
D	23.44	24	23	3
E	16.11	15	14	5

(b)

變異來源	SS	df	MS
處理	758.22	4	196.305
誤差	475.56	40	10.808
總計	1233.78	44	

15-12 嵐生公司對其所製產品的雜質頗爲關切，雜質來源之一爲原料。爲了查證這個猜測，公司隨機選定 6 批原料，然後分別將以該批原料製成的產品中抽取三個進行化驗，結果如下：

批　號		雜　質	
1	15	20	17
2	12	16	15
3	20	18	14
4	9	10	13
5	12	14	8
6	21	16	19

(a)本實驗為隨機效應模式還是固定效應模式？

(b)檢定批間是否存有顯著差異？

(c)估計變異數部份。

15-12 $\begin{cases} H_0 : \mu_1 = \mu_2 = \mu_3 = \mu_4 = \mu_5 = \mu_6 \\ H_1 : 至少有一個不等 \end{cases}$

$\overline{x}_1 = 17.33 \qquad S_1^2 = 6.33$

$\overline{x}_2 = 14.33 \qquad S_2^2 = 4.33$

$\overline{x}_3 = 17.33 \qquad S_3^2 = 9.33$

$\overline{x}_4 = 10.67 \qquad S_4^2 = 4.33$

$\overline{x}_5 = 11.33 \qquad S_5^2 = 9.33$

$\overline{x}_6 = 18.67 \qquad S_6^2 = 6.33$

變異來源	d f	SS	MS	F
處理	5	170.94	34.19	5.13
誤差	12	80.00	6.67	
總和	17	250.94		

$\alpha = 0.05$

$F(5, 12) = 3.11 < 5.13$

即處理間有顯著差異

15-13 量測三種不同品牌的尼龍絲的斷裂力（以磅為單位）的數據，結果

如下：

Ⅰ	Ⅱ	Ⅲ
25	31	30
36	38	28
30	39	24
38	42	28
31	35	25

試以 $\alpha = 0.05$ 檢定尼龍絲的斷裂力是否有顯著差異。

15-13 $\begin{cases} H_0 : \mu_1 = \mu_2 = \mu_3 \\ H_1 : 並非三者之 \mu 均同 \end{cases}$ $\alpha = 0.05$

SSE $= 200$ MSE $= 16.67$

SSTR $= 250$ MSTR $= 125$

若 $\begin{cases} F^* \leq F(0.95 ; 2 , 12) = 3.89 \quad 結論 H_0 \\ F^* > 3.89 \quad 結論 H_1 \end{cases}$

$F^* = \dfrac{125}{16.67} = 7.50$ 結論 H_1

有 95 % 之信心於三者之 μ 並非完全相同

15-14 平成公司欲測試三種品牌電瓶的平均使用壽命是否有任何顯著差異，由各品牌隨機抽取 5 個電瓶進行測定，結果如下：

A_1	A_2	A_3
40	26	39
48	34	40
38	30	43
42	28	50
45	32	50

(a)列出 ANOVA 表。

(b)以 $\alpha = 0.05$ 檢定不同品牌之間是否有顯著差異。

15-14 (a)

變異來源	SS	df	MS
處理	615.6	2	307.8
誤差	216.4	12	18.03
總計	832	14	

(b) $\begin{cases} H_0 : \mu_1 = \mu_2 = \mu_3 \\ H_1 : 並非三者之 \mu 均同 \end{cases}$ $\alpha = 0.05$

若 $\begin{cases} F^* \leq F(0.95 ; 2 , 12) = 3.89 & 結論 H_0 \\ F^* > 3.89 & 結論 H_1 \end{cases}$

$F^* = 17.07$ 結論 H_1

15-15 一家計程車公司想調查 3 種廠牌輪胎的耐磨度以決定購買所有計程車的輪胎。這項研究牽涉到由各廠牌中隨機選出各四個輪胎,而裝上 12 部計程車的左前輪。經過一萬英哩後記錄各輪胎的磨損公釐數如下:

甲牌	乙牌	丙牌
462	250	319
421	336	425
470	322	460
411	268	380

假設滿足完全隨機化設計的必要條件,試分析這些資料以檢定在 $\alpha = 0.05$ 水準時,是否 3 種廠牌輪胎有不同的耐磨度?

15-15 $\begin{cases} H_0 : \mu_1 = \mu_2 = \mu_3 \\ H_1 : 並非三者之 \mu 均同 \end{cases}$ $\alpha = 0.05$

$SSE = 18864$ $MSE = 2096$

$SSTR = 45384$ $MSTR = 22692$

若 $\begin{cases} F^* \leq F(0.95 ; 2 , 9) = 4.26 & \text{結論 } H_0 \\ F^* > 4.26 & \text{結論 } H_1 \end{cases}$

$$F^* = \frac{22692}{2096} = 10.83 \quad \text{結論 } H_1$$

15-16 有一項調查是想研究四部相同機器操作員的生產效率。隨機選定 3
天來記錄生產量，對任兩部機器而言所選的日子並不要求是同一
天。結果所得記錄如下：

操作員1	操作員2	操作員3	操作員4
230	220	215	225
220	210	215	215
225	220	220	225

如果這個實驗符合完全隨機化設計的假設，試分析這些資料，在 α
$= 0.05$ 的顯著水準下，4 位操作員的每日平均生產效率是否有統
計上的差異？

15-16 $\begin{cases} H_0 : \mu_i = \cdots\cdots = \mu_4 \\ H_1 : \text{並非四者之 } \mu \text{ 均同} \end{cases} \quad \alpha = 0.05$

　　　SSTR $= 150$　　　　　MSTR $= 50$

　　　SSE $= 200$　　　　　MSE $= 25$

若 $\begin{cases} F^* \leq F(0.95 ; 3 , 8) = 4.07 & \text{結論 } H_0 \\ F^* > 4.07 & \text{結論 } H_1 \end{cases}$

$F^* = 2$　結論 H_0

15-17 一家貨運公司在訂購卡車之前想先比較 3 種廠牌卡車的性能才作決
定。由於價格差不多相同，所以不列入比較。每種廠牌各取五輛試
驗行駛 5000 哩，並記錄每哩使用的平均費用。由於司機生病、意
外事故和輪胎磨損，乙和丙廠牌各兩輛卡車沒能作完 5000 哩的試
驗。其他 11 輛卡車的實驗如下：

甲牌	乙牌	丙牌
7.3	5.4	7.9
8.3	7.4	9.5
7.6	7.1	8.7
6.8		
8.0		

(a)試作此試驗的變異分析。

(b)取 $\alpha = 0.01$ 。這些數據是否顯示 3 種卡車每哩行駛的平均費用有差異？

15-17 (a)

變異來源	SS	df	MS
處理	6.42	2	3.21
誤差	4.99	8	0.624
總計	11.41	10	

(b) $\begin{cases} H_0 : \mu_1 = \mu_2 = \mu_3 \\ H_1 : 並非三者之 \mu 均同 \end{cases}$ α 被控制於 0.01

若 $\begin{cases} F^* \leq F(0.99 ; 2 , 8) = 8.65 & 結論 H_0 \\ F^* > 8.65 & 結論 H_1 \end{cases}$

$F^* = 5.14$ 結論 H_0

15-18 一個汽車代銷商有 3 輛（甲、乙、丙）同牌同型的汽車，他想比較這 3 輛車對 3 種不同（1、2、3）汽油的耗油量。每輛車對每種汽油每加侖的行駛里數如下：

汽油種類	甲 車	乙 車	丙 車
1	22.4	17.0	19.2
2	20.8	19.4	20.2
3	21.5	18.7	21.2

(a) 3 輛車每加侖汽油的行駛里程是否有差異（令 $\alpha = 0.05$）？

(b)這些數據是否顯示不同種類汽油對各車的里程數有影響（取 $\alpha = 0.05$）？

15-18 H_0 : $\alpha_1 = \alpha_2 = \alpha_3 = 0$

H_1 : 至少有一不等

H_0 : $\beta_1 = \beta_2 = \beta_3 = 0$

H_1 : 至少有一不等

變異來源	df	SS	MS	F
汽油	2	1.34	0.67	0.54
車輛	2	15.47	7.73	6.20
誤差	4	4.99	1.25	
	8	21.80		

$\alpha = 0.05$ $F(2, 4) = 6.94$

由於汽油間及車輛間的 F 值均小於 6.94，因此二者均無顯著差異

15-19 欲瞭解價格相同的四種廠牌乾電池的品質有無顯著差異，隨機自各廠牌取五個乾電池檢驗其使用壽命，樣本結果如下表所示，單位為小時：

觀測別 i ＼ 處理別 j	1	2	3	4
1	5.1	4.7	4.9	4.5
2	5.4	4.0	5.7	4.8
3	4.7	4.3	5.0	4.3
4	5.3	4.5	5.3	4.0
5	4.8	4.1	5.2	4.5

假設宜於採用單因子變方分析模式。

(a)求變異數分析表。

(b)以 0.01 為顯著水準檢定各廠牌乾電池平均壽命相等的假設。

(c)求 μ_1 的 99 ％信任區間，並解釋其意義。

15-19 (a)

變異來源	SS	d f	MS
處理	3.05	3	1.02
誤差	1.44	16	0.09
總計	4.49	19	

(b) $\begin{cases} H_0 : \mu_1 = \mu_2 = \mu_3 = \mu_4 \\ H_1 : 並非全部之 \mu 均相同 \end{cases}$ $\quad \alpha$ 被控制於 0.99

若 $\begin{cases} F^* \leq F(0.99 ; 3 , 16) = 5.29 \quad 結論 H_0 \\ F^* > 5.29 \quad 結論 H_1 \end{cases}$

$F^* = \dfrac{1.02}{0.09} = 11.3 \quad 結論 H_1$

(c) $S^2 \{\overline{Y}_1\} = \dfrac{0.09}{5} = 0.018$

$\overline{Y}_1 = 5.06$

∴ μ_1 之 99 ％信任區間於 $5.06 \pm 2.921 \times \sqrt{0.018}$

為 $4.67 \sim 5.45$

15-20 一位市場調查員想比較 4 個不同銷售區（區集）內 3 種廣告法（處理）的影響力而得下列結果：

來　　源	d f	SS
區　　集	3	0.03
處　　理	2	7.48
誤　　差	6	3.90
總　　計	11	11.41

試在 5 ％顯著水準下作所有可能的檢定，並詳細說明你的結論。

15-20

來　源	df	SS	MS	F
區　集	3	0.03	0.01	0.015
處　理	2	7.48	3.74	5.75*
誤　差	6	3.90	0.65	
總　計	11	11.41		

$\alpha = 0.05$　　$F(3,6) = 4.76$

$F(2,6) = 5.14$

由於處理的 $F = 5.75 > 5.14$ ，即表示處理之間有顯著差異，換句話說，3 種廣告法的影響力有顯著不同。